方 鸣 /著

返乡农民工创业培训
投入影响因素研究

中国财经出版传媒集团

经济科学出版社
Economic Science Press

图书在版编目（CIP）数据

返乡农民工创业培训投入影响因素研究/方鸣著.
—北京：经济科学出版社，2016.12
ISBN 978 – 7 – 5141 – 7469 – 4

Ⅰ.①返… Ⅱ.①方… Ⅲ.①民工 – 职业培训 –
研究 – 中国 Ⅳ.①D422.6

中国版本图书馆 CIP 数据核字（2016）第 278596 号

责任编辑：周国强
责任校对：郑淑艳
责任印制：邱　天

返乡农民工创业培训投入影响因素研究

方　鸣　著

经济科学出版社出版、发行　新华书店经销
社址：北京市海淀区阜成路甲 28 号　邮编：100142
总编部电话：010 – 88191217　发行部电话：010 – 88191522
网址：www. esp. com. cn
电子邮件：esp@ esp. com. cn
天猫网店：经济科学出版社旗舰店
网址：http://jjkxcbs. tmall. com
北京中科印刷有限公司印装
710 × 1000　16 开　9 印张　160000 字
2016 年 12 月第 1 版　2016 年 12 月第 1 次印刷
ISBN 978 – 7 – 5141 – 7469 – 4　定价：38.00 元
（图书出现印装问题，本社负责调换。电话：010 – 88191510）
（版权所有　侵权必究　举报电话：010 – 88191586
电子邮箱：dbts@ esp. com. cn）

本书为全国教育科学规划国家青年基金课题"返乡农民工创业培训投入决策机制及其影响因素研究"（CKA110161）的研究成果。

前　　言

　　发轫于 20 世纪 70 年代末的改革开放，给中国经济发展注入了强大动力，推动了中国工业化和城市化的进程；同时体制机制的不断创新，释放了大量农村剩余劳动力，带来的人口红利为中国经济三十余年持续高速增长提供了保障。然而中国经济的快速发展并没有解决城乡二元分割的现实格局，城市化发展水平远远落后于中国工业化发展水平，"三农"问题仍然是制约中国整体现代化发展进程的关键因素。"三农"问题的关键是解决农民的就业问题，切实提高农民的收入。

　　当前随着国际经济环境变化和国内产业结构调整步伐的加快，城市吸纳农村剩余劳动力能力日渐饱和，大量剩余劳动力返乡就近就地转移。如何有效解决返乡农民工的就业问题成为现阶段我国经济社会发展过程中的重要议题。作为我国特有的返乡农民工创业这一"凤还巢"现象，在缓解社会就业压力、提高农民收入水平以及促进县域经济发展上发挥了显著的推动作用和带动效应。农民工返乡后通过创业活动能够吸纳农村剩余劳动力，促进农民非农就业，吸引农民向小城镇转移集中，推动我国城镇化水平的提升；同时农民工返乡创业在很大程度上能够解决留守儿童、留守老人等农村社会问题，缓解农村社会空心化现象。但相关调查研究表明，在实际创业过程中，由于受到外部环境、自身素质等种种约束，农民工在返乡创业过程中面临着诸多困难，其中由于大多数返乡农民工自身素质欠缺，缺乏成功创业所必需的生产技术能力、经营管理知识和经验等，这在很大程度上影响和制约了其成功创业。因此，农民工返乡创业培训问题成为当前政府和社会关注的焦点，教育部发出的《关于切实做好返乡农民工职业教育和培训等工作的通知》中就明确要求，要精心组织实施教育培训工作，围绕返乡创业组织开展创业培训，提高返乡农民工的自主创业能力。所以系统分析返乡农民工创业培训投入决策影响因素，优化设计返乡农民工创业培训的政府政策支撑体系，对于解决返乡农民工创业问题，切实提高农民收入，建设社会主义新农村，协调城乡和区域经济发展，具有十分重要的意义。

为此，本研究利用课题组对安徽、江西和四川等中西部地区农民工所开展的实地调查数据，实证检验影响返乡农民工创业培训投入意愿、对创业培训扶持政策满意度以及创业培训绩效的重要因素，并对政府各项扶持政策的作用绩效加以分析衡量，以期能够优化农民工返乡创业培训机制，为政府完善相关返乡农民工创业培训政策提供科学依据。研究共分为七个部分，主要的研究内容包括：

研究内容一：本部分旨在研究影响返乡农民工创业培训投入意愿的相关因素，在构建返乡农民工创业培训投入意愿影响因素计量经济模型的基础上，利用课题组在中西部地区三个省份对返乡农民工的调研数据，探究各因素对返乡农民工创业培训投入意愿的影响。试图通过研究厘清现阶段影响返乡农民工创业培训投入意愿的关键因素，考察各因素对返乡农民工创业培训投入意愿的作用机理。研究发现：性别、年龄、文化程度、婚姻状况、是否具有培训经历、家人是否支持、是否有精力参加培训、有无参加限制和是否有跟踪服务对返乡农民工创业培训投入意愿有显著影响；而是否具有技能、周围人参加情况、有无培训基础设施、培训项目符合需求情况、是否有补贴、是否有咨询和是否有"凭培训换优惠政策"对返乡农民工创业培训投入意愿的影响不显著，但基本都存在正向的影响。

研究内容二：本部分结合问卷调查和半结构化访谈的方式，就中西部地区返乡农民工对创业培训扶持政策满意度进行调研，并在此基础上采用 Logistic 模型实证分析了返乡农民工对创业培训扶持政策的满意度及其影响因素。通过研究发现：返乡农民工创业培训政策综合满意度主要受政策评价、内在个体特征、外在个体特征、人力资本和家庭特征五个因子的影响，五个指标的重要性存在递减次序。政策评价对返乡农民工创业培训政策满意度的影响最大，在所有因子中具有最高的统计显著性。政策评价这一因子在模型中通过显著性检验且其系数为正，表明在其他条件不变的情况下，政策评价越高，返乡农民工对创业培训政策的满意度越高，创业培训配套基础设施、创业培训补贴、创业培训咨询、培训跟踪服务和后续创业优惠政策支持力度越大，返乡农民工创业培训政策满意度也越高。内在个体特征（年龄和婚姻状况）也是影响返乡农民工创业培训政策满意度的重要因素。内在个体特征在模型中系数为正，表明对返乡农民工创业培训政策的满意度有正向影响，说明青年返乡农民工对于创业培训政策的期望和要求往往高于中年农民工，未婚返乡农民工对于创业培训政策的期望和要求往往高于已婚群体。外在个体特征即性别和文化程度对返乡农民工创业培训政策满意度有影响。其在模型中系数为负，说明较之于男性，有创业意愿和需求的女性对于创业培训的期望及要求较高；另外现阶段面向返乡农民工的创业培训项目缺乏专门针对女性返乡人员的创业培训内容，女性返乡创业人员培训服务体系尚不完善，这在很大程度上影响了女性返乡创业人员对于创业培训扶持政策的满意度。人力资本主要反映返乡农民工的技能和以往培训经历，也对创业培训政策满意度具有一定影响。包含技能和以往培训经历的人力资本因素对返乡农民工创业培训政策满意度有正向影响。

　　研究内容三：该部分利用结构方程模型深入探究影响农民工返乡创业绩效的主要因素，并在此基础上运用层次分析法，构建农民工培训绩效评价指标体系，分析创业培训内容及时长、创业培训的相关资源、创业培训方式及氛围以及实际效果对培训绩效的影响程度。本部分利用调研数据，首先运用结构方程模型对返乡农民工创业绩效的影响因素进行分析，研究结果显示：

政府投入、创业资源与环境、企业家特质和创业培训这四个因素影响农民工返乡创业绩效。影响程度各有差异，其中创业培训能够显著提高返乡农民工创业绩效，政府投入力度是影响返乡农民工企业创业绩效的重要因素，企业家能力对返乡农民工创业绩效有一定影响，创业资源与环境并不直接影响返乡农民工创业绩效，创业资源与环境对创业绩效影响的大小主要依赖于政府投入的力度，加大政府投入力度能有效促进创业资源与环境的影响作用。其次在构建返乡农民工创业培训绩效影响因素模型的基础上，利用层次分析法实证分析了影响返乡农民工创业培训绩效的因素，研究结果表明：显著影响返乡农民工创业培训绩效的因素包括：培训内容的实用性和收入稳定性；明显影响返乡农民工创业培训绩效的因素有：培训内容的详尽性、培训的老师知识丰富和企业偿债能力；一般影响返乡农民工创业培训绩效的因素有：培训的时长满足需求、培训依托良好、教学方式的灵活性和满意度绩效；微弱影响返乡农民工创业培训绩效的因素有：教学实施完善、考察创业基地、借鉴成功经验以及互动氛围良好。

在实证分析的基础上，结合实地调研，本书提出了进一步推动返乡农民工创业培训工作开展、提升返乡农民工创业培训效果的政策建议：①加大返乡农民工创业培训宣传力度；②优化返乡农民工创业培训扶持机制；③构建返乡农民工创业培训服务体系。

在前人已有研究成果的基础上，本研究可能的创新之处在于：

（1）从研究视角上看，与大量有关返乡农民工创业的研究相比，迄今为止国内关于返乡农民工创业培训的研究相对较少，且研究大多停留在返乡农民工创业培训特点、创业培训存在的问题及对策等宏观层面的分析上，缺乏从微观视角对返乡农民工创业培训相关问题的考察。本研究通过问卷调查，收集整理相关资料，深入剖析相关案例，旨在细致梳理影响返乡农民工创业培训投入的关键因素及影响机理。这对于充分了解和认识返乡农民工创业培训投入决策问题，提升创业培训效果，厘清返乡农民工创业培训投入路径选择，从而构建返乡农民工创业培训扶持体系，提出相关有针对性的政策建议有着重要的现实意义。

（2）从研究方法上看，现有成果以规范性研究为主，多集中于理论思辨水平，鲜有研究就返乡农民工创业培训相关问题进行实证检验，而定量的实证分析则更为匮乏。本研究采用规范分析与实证分析相结合，定性分析与定量分析相结合的方法，在规范分析和定性分析的基础上，运用二元 Probit 选择模型分析返乡农民工创业培训投入意愿的影响因素及作用机理，利用 Logistic 选择模型就返乡农民工对创业培训的实际需求与目前政府扶持政策的契合程度加以考察，分析返乡农民工创业培训政策满意度的影响因素，采用结构方程模型和层次分析法，对返乡农民工创业培训绩效进行评价，考察返乡农民工创业培训绩效的影响因素，进而深入全面地剖析了返乡农民工创业培训投入意愿、绩效和政策满意度相关问题，以弥补现有研究的不足。

（3）从政策创新性上看，在深入剖析返乡农民工创业培训投入意愿、对创业培训扶持政策满意度以及创业培训绩效的基础上，优化设计返乡农民工创业培训扶持机制，对于提升返乡农民工创业培训效果、促进农民工返乡创业、统筹城乡经济发展均具有重要的现实意义。

目　录
CONTENTS

1 引　言

1.1　问题的提出

　　"三农"问题的关键是解决农民的就业问题，切实提高农民的收入。由于历史原因造成的长期存在的户籍、土地等制度安排形成了城乡二元的分割格局，导致了城市化水平严重落后于工业化发展水平，也产生候鸟般定期迁移的农民工群体长期在城市和农村间徘徊，造成了留守儿童、留守老人、空心村等诸多严重的社会问题。现阶段以工促农、以城带乡、工农互惠、城乡一体的新型工农城乡关系亟待建立，工业反哺农业的体制机制尚需完善，现代化的关键在于城市化和工业化，如何破解城乡二元结构，持续推进城乡要素平等交换，合理配置公共资源，形成"城市支持农村，工业反哺农业"的统筹发展局面，促进农民增收已经成为中国政府面临的重大战略问题。中共十八大报告中明确指出要"加快发展现代农业，着力促进农民增收，坚持和完善农村基本经营制度，加快完善城乡发展一体化体制机制"。2015 年 11 月中共中央办公厅、国务院办公厅印发了《深化农村改革综合性实施方案》，从农村集体产权制度、农业经营制度、农业支持保护制度、城乡发展一体化体制机制和农村社会治理制度五大关键领域出台了一系列重大举措，为进一步推进农业农村发展提供了强有力的政策保障①。

　　当前随着国际经济环境变化和国内产业结构调整步伐的加快，城市吸纳农村剩余劳动力能力日渐饱和，大量剩余劳动力返乡就近就地转移。如何有效解决返乡农民工的就业问题成为现阶段我国经济社会发展过程中的重要议题。作为我国特有的返乡农民工创业这一"凤还巢"现象，在缓解社会就业压力、提高农民收入水平以及促进县域经济发展上发挥了显著的推动作用和带动效应。农民工返乡后通过创业活动能够吸纳农村剩余劳动力，促进农民

---

　　① 中国政府网，http://www.gov.cn/zhengce/2015 - 11/02/content_2958781.htm

非农就业，吸引农民向小城镇转移集中，推动我国城镇化水平的提升；同时农民工返乡创业在很大程度上能够解决留守儿童、留守老人等农村社会问题，缓解农村社会空心化现象。2015 年 6 月国务院办公厅下发了《关于支持农民工等人员返乡创业的意见》，鼓励农民工返乡创业，并从商事制度改革，注册资本登记制度改革，税收优惠，金融服务等方面给予支持，充分调动返乡农民工创业的主动性和积极性，推进新型工业化和农业现代化、城镇化和新农村建设协同发展①。但相关调查研究表明，在实际创业过程中，由于受到外部环境、自身素质等约束，农民工在返乡创业过程中面临着诸多困难，其中由于大多数返乡农民工自身素质欠缺，缺乏成功创业所必需的生产技术能力、经营管理知识和经验等，这在很大程度上影响和制约了其成功创业。因此，农民工返乡创业培训问题成为当前政府和社会关注的焦点，教育部发出的《关于切实做好返乡农民工职业教育和培训等工作的通知》中就明确要求，要精心组织实施教育培训工作，围绕返乡创业组织开展创业培训，提高返乡农民工的自主创业能力②。所以系统分析返乡农民工创业培训投入决策影响因素，优化设计返乡农民工创业培训的政府政策支撑体系，对于解决返乡农民工创业问题，切实提高农民收入，建设社会主义新农村，协调城乡和区域经济发展，具有十分重要的意义。

自从 20 世纪 50 年代现代人力资本理论诞生之后，以贝克尔为代表的诸多学者对于培训这一人力资本投资的重要形式进行了深入的研究。其中贝克尔在其所著的《人力资本》一书中把在职培训区分为一般培训和特殊培训，并在此基础上进行了细致的分析，为经济层面的培训研究奠定了坚实的基础。明瑟通过估计培训的成本和投资收益率考察了在职培训的成本及收益（Mincer，1962）。虽然国际上关于培训理论的研究成果丰硕，但是以农民为主体的培训理论研究则相对较少，且主要集中于考察发达国家城市化进程中转移进

---

① 中国政府网，http：//www. gov. cn/zhengce/content/2015 - 06/21/content_9960. htm
② 中华人民共和国教育部网站，http：//www. moe. gov. cn/srcsite/A07/s7055/200902/t20090220_79033. html

城农民的职业技能培训问题，研究尚未涉及返乡农民工培训这一具有中国特色的选题。基于此，诠释并检验返乡农民工创业培训投入决策影响因素，可以进一步拓展培训理论研究的空间。

从 20 世纪 70 年代末起，大批农村剩余劳动力转移就业，进城打工。随着改革开放的推进，由于种种原因，从 90 年代中期开始，我国很多地区出现了"外出打工潮"与"返乡就业潮"对流的特殊现象。尤其是 2008 年以来，由于美国金融危机的影响，城市化步伐的加快和农村经济体制改革的深化，农民工在全国范围内的双向互动转移现象越来越明显，返乡农民工问题越来越突出。白南生（2002）、刘光明、宋洪远（2002）、王天权（2006）、王翠绒（2006）等一些学者开始关注农民工返乡创业问题。然而现有研究主要将目光投射于农民（工）的创业意愿或行为，缺乏对于返乡农民工创业培训的关注，研究的重心也基本限于三个方面：一是农民创业的动机与动力（王东京，2003；易修平，2000；张明林，2007；张敏杰，1996；黄中伟，2004）；二是探讨影响农民创业与农民增收之间的关系（易修平，2000；温锐，2004；郑风田等，2006）；三是关注返乡农民工创业的影响因素（黄建新，2008；石智雷等，2010；汪三贵等，2010；朱红根等，2010）。通过仔细梳理相关文献后发现，上述研究大多缺乏对返乡农民工创业培训投入决策影响因素的考察与分析，且现有成果多以规范研究为主，少有实证分析。可见，本课题的研究空间颇为广阔。

1.2　研究目标与研究假说

1.2.1　研究目标

本研究利用实地调查数据，实证检验影响返乡农民工创业培训投入意

愿、对创业培训扶持政策满意度以及创业培训绩效的重要因素，并对政府
各项扶持政策的作用绩效加以分析衡量，以期能够优化农民工返乡创业培
训机制，为政府完善相关返乡农民工创业培训政策提供科学依据。研究的
具体目标包括：

（1）在调研的基础上，实证分析影响返乡农民工创业培训投入的因素，
并细致剖析各因素对于返乡农民工创业培训投入意愿的影响及作用机理。

（2）通过调研考察返乡农民工对相关创业培训的政策满意度，分析返乡
农民工创业培训政策满意度的影响因素，研判返乡农民工对创业培训的实际
需求与目前政府扶持政策的契合程度。

（3）在实地调研相关返乡农民工创业培训项目和创业企业的基础上，利
用结构方程模型和层次分析法，对返乡农民工创业培训绩效进行评价，考察
返乡农民工创业培训绩效的影响因素。

（4）了解返乡农民工对政府相关创业培训配套扶持政策的需求状况，优
化设计返乡农民工创业培训政策扶持机制，提出增强返乡农民工创业培训满
意度，提高创业培训绩效，促进返乡农民工成功创业的政策建议。

1.2.2　研究假说

返乡农民工创业过程中面临诸多障碍，创业首先需要技能，而大多数
农民工自身素质不高成为创业的劣势之一。农民工群体总体受教育程度不
高，学历层次偏低，且大多年龄偏高，学习能力偏低，接受和理解新知识
和新技术存在一定困难，培训挫折感较强，对于参与培训存在抵触心理
（刘奉越、孙培东，2009）。对于创业培训，返乡农民工群体更多关注的是
现实利益，如培训后可能获取的优惠政策扶持，而对创业培训工作本身对
自身创业的重要性认识不足（张文静，2010）；普遍缺乏长远的眼光，不
能结合自身情况合理分析认识自身创业发展过程中存在的缺陷和短板，并
积极通过培训寻求指导和帮助。另外，从农民工自身来看，返乡农民工参

加培训需要承担学费、路费等直接成本，还有由于接受技能培训而放弃就业机会的机会成本，这双重成本压力是造成返乡农民工创业培训意愿下降的原因（康和平等，2011）。从政策供给层面来看，政府未能及时有效将相关培训信息和培训政策传递给农民工，造成了部分农民工对于创业培训不了解，不清楚国家的创业培训政策，不知道地方政府何时何地举办相关创业培训项目，以及有关创业培训的优惠扶持政策。现阶段虽然政府对于农民工培训有专项补贴支持，但是较之于日益增长的培训需求，政府财政投入相对不足，这在一定程度上导致现有的培训资源远不能满足农民工培训的需要。另外囿于现行培训管理体制约束，政府部门间有关培训工作的职能存在交叉现象，培训经费使用效率不高，现有培训资源过于分散，造成了返乡农民工选择培训项目时无所适从。农民工的培训模式存在着很多弊端，严重影响了农民工参与创业培训的积极性。据此，本研究提出如下假说：

研究假说一：返乡农民工创业培训投入意愿主要受农民工自身因素和政策因素等影响。

何种特质对于农民工创业意愿和行为的影响最大尚无定论，但个体特质肯定会影响其创业行为（袁明达、朱敏，2015）。朱红根等（2011）通过实证分析农民工返乡创业政策满意度的影响因素，发现年龄、性别、婚姻状况、文化程度等变量都会影响创业政策满意度。家庭特征对农民工创业行为有重要影响，其中家庭人口数和家庭人均收入对创业政策满意度有正向影响（朱红根，2011）。另外创业培训政策供给是提升返乡农民工对创业扶持政策满意度的有效途径。人力资本包括返乡农民工自身掌握的技能和以往培训经历。相应研究表明，人力资本对农民创业起到正向推动作用（韦吉飞，2008）。墨媛媛和王振华（2012）认为，农民工外出务工次数、技术掌握程度和技术来源等因素对其创业行为影响较大。创业技能与返乡农民工对自身创业能力的评价有显著的正相关性（刘苓玲，2012），拥有技能的返乡农民工相对没有一技之长的返乡农民工来说创业前景好，所以其创业意愿较高，对创业培训政策需求较大，因而较之于技能相对缺乏的返乡农民工来说，拥有一技之长的返乡农民工对创业培训政策的满意度高。由此，对于返乡农民工对创业培训扶持政策满意度的影响因素提出如下假说：

研究假说二：影响返乡农民工对创业培训扶持政策满意度的因素包括返乡农民工个体特征、家庭特征、创业培训扶持政策以及人力资本等。

政府的投入力度直接反映了政府对返乡农民工创业的支持程度，农民工通过政府的各种投入获得更有利的创业环境、更有针对性的创业扶持，从而影响创业绩效。经营资源与创业环境对农民工返乡创业绩效有正向影响。创造适宜的创业培训环境、提供相应的创业培训资源，有利于返乡农民工积极参与创业培训，对于提高创业绩效意义重大（朱红根，2012）。企业家能力也包括文化程度、知识接受能力等，具备此优势的农民工更易接受创业培训，有效促进创业绩效。参与创业培训与否以及创业培训的效果，影响着企业的绩效，也在一定程度上推动了企业的发展。

培训内容和时长是创业培训的重要组成部分，在很大程度上影响着创业培训效果，培训内容是否科学合理从某种角度也说明了创业培训的科学与否。创业培训的师资力量及相关教学设施等资源对培训绩效有着直接影响，良好的培训氛围有利于激发返乡农民工创业热情、提高学习积极性，有利于提高创业培训效果。另外通过调研发现收入稳定性、企业偿债能力以及经营满意度绩效等也影响着创业培训绩效。

研究假说三：返乡农民工创业绩效受政府投入、创业资源与环境、企业家能力和创业培训等因素的影响。返乡农民工创业培训绩效受创业培训内容及时长、创业培训的相关资源、创业培训方式及氛围以及实际效果的影响。

1.3 技术路线、数据来源和研究方法

1.3.1 技术路线

见图 1.1。

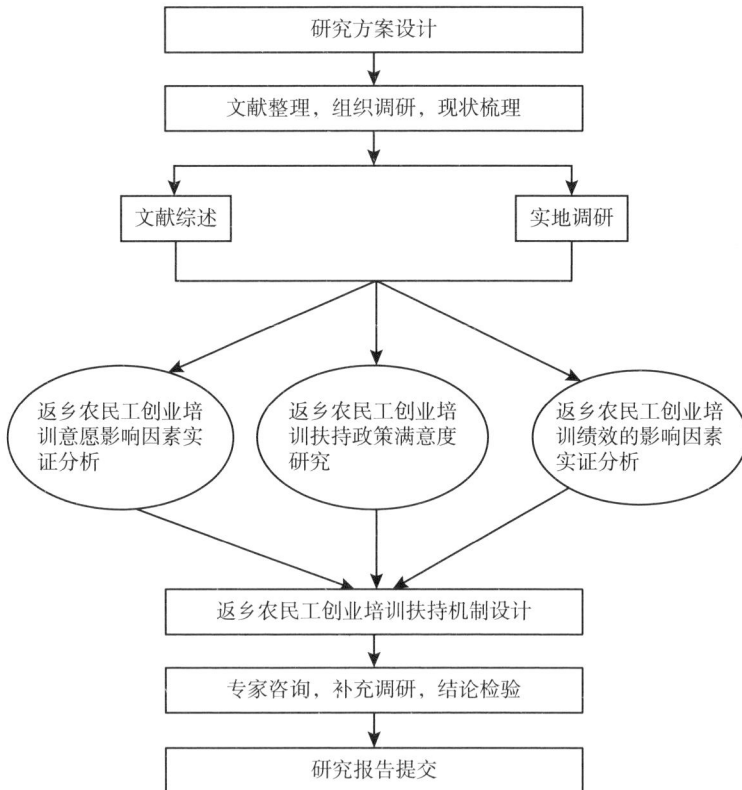

图 1.1 技术路线

1.3.2　数据来源

本研究所用数据来自课题组于 2013 年 7 月至 2014 年 6 月期间对安徽、江西和四川等中西部地区农民工所做的调查，调查采用问卷和半结构化访谈的方式进行，调查内容包括返乡农民工个体特征（包括性别、年龄、文化程度、婚姻状况等）、家庭特征（家庭人口数、家庭年收入等）、返乡前就业状况、返乡创业培训参与情况、对各项返乡创业培训政策的评价及返乡创业状况等方面。调查问卷的形成过程为：首先把曾在外现已返回家乡的具有农村户口的农民工作为调查对象，课题组成员通过研究讨论初步确定调查表的各项调查内容；然后选择有代表性的返乡农民工进行预调查，根据预调查的结果及调查过程中遇到的实际问题，对调查表的一些调查内容及提问方式进行了适当调整；最后进行讨论确定最终调查问卷。调查区域包括安徽、江西和四川等中西部地区三个省份 15 个县（市），发放调查问卷 400 份，回收调查问卷 381 份，经过整理，获取有效调查问卷 353 份，有效率为 92.7%。

1.3.3　研究方法

本书在研究过程中采用规范分析与实证分析相结合，定性分析与定量分析相结合的方法。规范分析主要集中在梳理国内外相关研究动态，分析归纳相关理论研究基础；实证分析主要用于相关研究数据的收集、整理、分析及结果的解释上。定性分析主要用于理论基础的梳理和研究结论的阐释；定量分析则主要集中在调查研究、计量经济分析等方面。

（1）调查研究方法：本研究在借鉴前人相关研究中调研方案的基础上，设计"返乡农民工创业培训调查问卷"和"返乡农民工创业培训绩效调查问卷"，主要是通过问卷调查、深入访谈、半结构化访谈、案例分析等方法对返乡农民工创业培训投入意愿行为和绩效进行调研，全面收集返乡农民工创业培训相关信息,并深入剖析重点研究样本。

(2)文献研究方法:主要是收集整理国际国内相关文献资料。通过查阅有关创业、创业培训、返乡农民工创业等相关论文、专著及政府政策文件,深入了解相关研究背景和研究动态,并在认真总结借鉴前人研究成果的基础上,厘清本书主要研究方向和研究着力点。

(3)理论分析方法:本研究中主要涉及的理论包括创业理论、人力资本理论、行为经济学理论以及农业经济学理论等,在相关理论研究的基础上,通过细致梳理返乡农民工创业培训投入决策机制,考察返乡农民工创业培训投入决策影响因素。

(4)实证分析方法:为了深入研究影响返乡农民工创业培训投入意愿、对创业培训扶持政策满意度及培训绩效的主要因素,本研究利用二元选择模型、二元 Logistic 模型、结构方程模型和层次分析法等分析方法,实证检验返乡农民工创业培训投入意愿、对创业培训扶持政策满意度和创业培训绩效的影响因素。

1.4 研究内容与结构框架

1.4.1 研究内容

研究内容一:本部分旨在研究影响返乡农民工创业培训投入意愿的相关因素,主要在构建返乡农民工创业培训投入意愿影响因素的计量经济模型的基础上,利用课题组在中西部地区三个省份对返乡农民工的调研数据,探究各因素对返乡农民工创业培训投入意愿的影响,主要的研究工作是验证研究假说一。试图通过研究厘清现阶段影响返乡农民工创业培训投入意愿的关键因素,考察各因素对返乡农民工创业培训投入意愿的作用机理。

研究内容二：在完成研究内容一的基础上，本部分结合问卷调查和半结构化访谈的方式，就中西部地区返乡农民工对创业培训扶持政策满意度进行调研，并在此基础上采用 Logistic 模型实证分析返乡农民工对创业培训扶持政策的满意度及其影响因素。

研究内容三：该部分利用结构方程模型深入探究影响农民工返乡创业绩效的主要因素，并在此基础上运用层次分析法，构建返乡农民工创业培训绩效评价指标体系，分析创业培训内容及时长、创业培训的相关资源、创业培训方式及氛围以及实际效果对培训绩效的影响程度，验证研究假说三。

1.4.2　结构框架

本研究共分七章，具体研究内容的结构安排如下：

第一章：引言。本章包括问题的提出，研究目标与假说，技术路线、数据来源与研究方法，研究内容与结构安排，最后是本研究可能的创新与不足。

第二章：理论回顾与文献综述。本章首先界定返乡农民工创业培训研究的关键概念，并在分析返乡农民工创业培训问题研究所依托理论的基础上，对国内外相关研究进行回顾和总结，并加以评述，为本研究的开展奠定理论分析基础。

第三章：返乡农民工创业培训现状分析。本章聚焦返乡农民工创业培训这一主题，从国家层面和地方层面就返乡农民工创业培训总体状况进行分析，并细致梳理针对返乡农民工创业培训的政策，并在此基础上，利用课题组调研数据，统计分析样本中的返乡农民工创业培训的相关特征。

第四章：返乡农民工创业培训投入意愿的影响因素研究。本章在构建返乡农民工创业培训投入意愿影响因素的计量经济模型的基础上，利用课题组在中西部地区三个劳动力大省的调查数据，采用二元 Probit 回归分析方法，分析各因素对于返乡农民工创业培训投入意愿的影响及作用机理。

第五章：返乡农民工对创业培训扶持政策的满意度及影响因素分析。通过实地走访中西部地区返乡农民工群体，采用问卷和半结构化访谈的方式，对相关创业培训的政策满意度进行调查，并在此基础上采用因子分析方法、二元 Logistic 模型就返乡农民工对创业培训的实际需求与目前政府扶持政策的契合程度加以考察，分析返乡农民工创业培训政策满意度的影响因素。

第六章：返乡农民工创业培训绩效的评估及影响因素分析。本章通过建立农民工返乡创业培训绩效的评价指标体系，在实地调研返乡农民工创业培训项目和创业企业的基础上，利用结构方程模型和层次分析法，对返乡农民工创业培训绩效进行评价，考察返乡农民工创业培训绩效的影响因素。

第七章：主要结论与政策建议。本章通过总结分析返乡农民工创业培训投入意愿、返乡农民工对创业培训扶持政策满意度及创业培训绩效的影响因素，在深入访谈的基础上，了解返乡农民工对政府相关创业培训配套扶持政策的需求状况，优化设计返乡农民工创业培训政策扶持机制，提出增强返乡农民工创业培训满意度，提高创业培训绩效，促进返乡农民工成功创业的政策建议。

1.5　可能的创新与不足

1.5.1　可能的创新

与相关研究相比，本研究可能的创新之处在于：

（1）从研究视角上看，与大量有关返乡农民工创业的研究相比，迄今为止国内关于返乡农民工创业培训的研究相对较少，且研究大多停留在返乡农民工创业培训特点、创业培训存在的问题及对策等宏观层面的分析上，缺乏从微观视角对返乡农民工创业培训相关问题的考察。本研究通过问卷调查，收集整理相关资料，深入剖析相关案例，旨在细致梳理影响返乡农民工创业培训投入的关键因素及影响机理，这对于充分了解和认识返乡农民工创业培训投入决策问题，提升创业培训效果，厘清返乡农民工创业培训投入路径选择，从而构建返乡农民工创业培训扶持体系，提出相关有针对性的政策建议有着重要的现实意义。

（2）从研究方法上看，现有成果以规范性研究为主，多集中于理论思辨水平，很少有研究就返乡农民工创业培训相关问题进行实证检验，而定量的实证分析则更为匮乏。本研究采用规范分析与实证分析相结合，定性分析与定量分析相结合的方法，在规范分析和定性分析的基础上，运用二元 Probit 选择模型分析返乡农民工创业培训投入意愿的影响因素及作用机理，利用 Logistic 选择模型就返乡农民工对创业培训的实际需求与目前政府扶持政策的契合程度加以考察，分析返乡农民工创业培训政策满意度的影响因素，采用结构方程模型和层次分析法，对返乡农民工创业培训绩效进行评价，考察返乡农民工创业培训绩效的影响因素，进而深入全面地剖析了返乡农民工创业培训投入意愿、绩效和政策满意度相关问题，以弥补现有研究的不足。

（3）从政策创新性上看，在深入剖析返乡农民工创业培训投入意愿、对创业培训扶持政策满意度以及创业培训绩效的基础上，优化设计返乡农民工创业培训扶持机制，对于提升返乡农民工创业培训效果、促进返乡农民工创业、统筹城乡经济发展均具有重要的现实意义。

1.5.2　主要的不足

囿于样本数据、研究手段及笔者研究能力的限制，本研究仍存在一些有待完善的地方，主要表现在：

（1）虽然在研究过程中已经广泛收集国内外相关文献资料，但对相关研究资料的掌握仍然有限，这在一定程度上导致了研究的广度和深度尚有欠缺。特别是国外学者针对这一具有中国特色选题的返乡农民工创业培训问题研究的文献资料较少，对农民工返乡创业培训方面的研究，还有待进一步加深。

（2）由于调查样本数据限制，本研究仍有进一步提升和改进的空间。在研究过程中仅对中西部地区三个劳动力大省的返乡农民工进行调研，由于各省返乡农民工创业培训扶持政策差异化程度较高，研究结论可能无法全面反映全国总体状况。另外囿于调研时间成本限制，本研究在问卷中未针对新生代返乡农民工设计专门相关问题进行调研，然而通过调研发现返乡农民工创业过程中代际间的差异明显，深入剖析两代劳动力在创业培训投入上所表现出的差异，对于更好地认识和把握返乡农民工创业培训相关问题十分重要，这是本研究下一步探讨的方向。

（3）在分析返乡农民工创业培训绩效影响因素时，本研究采用结构方程模型和层次分析法实证分析评价了返乡农民工创业培训绩效的影响因素，但是由于受到调研的限制，相关影响因素选择有限，说服力可能不充足。另外由于样本数量不足，本研究难以对影响返乡农民工创业培训绩效的因素进行深入剖析，这有待在日后的研究中加以完善。

2 理论回顾与文献综述

2.1 概念界定

2.1.1 返乡农民工

国务院在 2006 年《关于解决农民工问题若干意见》中指出农民工是我国改革开放进程中涌现出来的新型劳动大军①，他们主要从事非农产业，有的是在农闲时短期外出务工，有的是长期在城市就业，但他们的户籍仍在农村。在我国社会体制转轨的进程中，有一部分农民工离开务工城市，返回家乡发展，他们被称为返乡农民工（刘海，2014）。石智等（2010）将返乡农民工定义为：由于种种原因，而从在外工作的地方返回到户籍所在地的农村或家乡所在地的农民工。本书所研究的返乡农民工指的是由外出务工地点返回家乡工作的农村居民，这一社会群体在外出务工的过程中积累了一定的人力资本、社会资本和资金。

2.1.2 返乡农民工创业

目前，学术界对返乡农民工创业没有一个统一的定义。韩雪涛（2015）认为农民工返乡行为可以分为主动返乡行为和被动返乡行为两个类型。被动返乡是指农民工在城市生活的压力和恶劣的就业环境等消极因素的影响下，被迫离开城市回到自己的家乡；主动返乡农民工不同于被动返乡农民工，他们因为长期在城市工作，积累了相关知识技能和管理经验并具有可

---

① 中国政府网，http：//www.gov.cn/jrzg/2006-03/27/content_237644.htm

以独立创办企业的基本素质，由于城市创业竞争激烈，因此他们选择返回家乡创业。无论是被动返乡农民工或是主动返乡农民工，农村巨大的资源空间都可以给他们提供平台，给他们带来创业资源。本书研究的返乡农民工创业是指由外出务工地点返回家乡的农民工，凭借其外出务工过程中所获得的人力资本、社会资本、资金等，在其家乡创办工商企业或进行规模化的农业生产。

2.1.3　创业培训

培训也即培养、训练，区别于正规教育过程，特指针对已经工作的员工开展的再教育或专门的训练过程（徐卫，2014）。创业教育包括狭义和广义两个层面，狭义的创业教育仅指培养人们从事企业经营管理的综合能力，广义的创业教育是指培养人们具备开创事业的能力，创业培训属于狭义的创业教育（刘海，2014）。创业教育是对创业者在未来的创业过程中综合素养和能力的培养，创业教育强调的是过程，而创业培训是为企业创办者提供一个新企业所需的系统知识和技能，创业培训相比创业教育更具针对性（邓宝山，2015）。创业教育与创业培训的侧重点不同，在知识传授和技能培训上有所差异，一般而言，创业培训的基础性环节是创业教育，创业教育的延续性过程是创业培训。

创业培训是解决就业和再就业问题的有效手段，同时也是创建学习型社会的重要体现，有效开展创业培训可以促进人口就业、提升我国的人口素质。综合其他学者的研究，我们可以理解为创业培训就是对有创业意愿并符合相关条件的人进行基础知识和必备能力的培训。创业培训的基本内容主要是培养创业者的创业意识、塑造创业者的创业心理品质、完善创业者的创业知识结构和提高创业者的创业能力。

2.2 相关理论

2.2.1 人力资本理论

亚当·斯密最早在《国富论》中将劳动者技能以及进行教育投资的费用视为资本，但他的研究只关注到物质资本，而忽略了劳动者的知识和技能（Smith，1776）。费舍尔首次明确地提出了"人力资本"的概念，他将财产的范围扩展至人本身所具有的种种能力（Fisher，1906）。

现代人力资本理论发轫于美国，舒尔茨、贝克尔等人就人力资本相关问题进行了经济学层面的细致剖析。早期学者都是从知识和技能的角度对"人力资本"进行阐述，舒尔茨进一步拓展了人力资本的内涵，他认为"人力资本是人的知识、技能与健康的总和，这些因素同时决定着人力资本的差异性"（Schultz，1964），舒尔茨在其发表的大量相关研究成果中系统论述了人力资本概念和含义，人力资本内容以及人力资本的形成途径等关键问题，推动了现代人力资本理论的发展，舒尔茨也由于其在人力资本研究领域的卓越贡献被西方经济学界誉为"人力资本理论之父"。

与舒尔茨的观点类似，贝克尔认为人力资本包括了劳动者的智力、才干、知识、技能、健康和寿命等（Becker，1963），区别于舒尔茨对于人力资本问题的宏观分析，美国学者贝克尔从微观层面深入研究了人力资本相关问题。在《人力资本》一书中贝克尔阐释了人力资本形成过程和人力资本投资决策等问题，认为人力资本投资能够增加人的资源，并影响其未来收入和消费，投资形式包括正规教育、在职培训、医疗保健等。在《人类行为的经济分析》一书中贝克尔进一步运用成本收益分析方法，深入探讨了微观主体在教育等人力资本领域的投资决策行为，在分析过程中贝克尔通过把人力资本的投资成本与收益分配结合起来，并分析了在职培训的经济意义，认为决定人力资本投资量的关键因素可能在于该投资行为的预期收益率。贝克尔还创造性地从人力资本角度分析了代际间的收入传递，他通过研究发现，在不完善的资本市场情况下，由于面临着预算约束，难以通过资本市场获取相应支持，父辈收入状况在很大程度上影响其对于子辈的人力资本投资状况，子辈未来的收入状况在一定程度上受父辈收入状况的影响，也即形成了代际间的收入传递。这些研究在很大程度上弥补了前人理论的不足。

明瑟在他的博士论文《人力资本投资与个人收入分配》中，利用数学模型深入探讨了个人接受教育培训与收入之间的关系，研究表明影响个体间收入差距的主要因素是人力资本或培训的决策，所以他认为如果允许自由选择，职能的差别对收入分配影响甚微，对收入分配起决定性影响的是个体基于收入最大化而做出的差异化的人力投资决策。

美国经济学家丹尼森也对人力资本理论发展做出了重要贡献，他的研究主要集中利用计量分析手段衡量人力资本要素的作用，其把经济增长归结为要素投入量和要素生产率两个因素的作用，其中要素生产率涵盖了资源配置改善、知识进展、规模节约等因素的影响，在《美国经济增长因素和我们的选择》一书中，丹尼森利用 1909 ~ 1957 年的美国统计数据分析了各因素对经济增长的作用，根据研究结果他认为，较之于其他因素，促进经济增长的人力资本关键因素是教育，受教育程度的提高会带来社会人力资本总量的提升，进而推动经济增长，而教育水平和质量是人力资本总量提升的保证。

20 世纪 90 年代开始，一部分国外学者借鉴和利用现代管理学发展研究成果，从管理学视角研究人力资本问题，就企业管理中的人力资本管理、人力资本运营、人力资本投资、人力资本成本控制等方面进行了深入研究（Edvinsson & Malone，1999；Younger，1997；Gary，1998；Mullin，1996；Zimmerman，2001）。

国内学者也从多角度对人力资本理论进行了深入探讨。李建民（1999）

在外国学者研究的基础上，指出人力资本是人们后天获得的并具有一定经济价值的知识、技术、能力和健康等质量因素之和。朱舟（1999）进一步将人力资本的定义完善为"人力资本是通过劳动力市场工资和薪金决定机制进行间接市场定价的，由后天学校教育、家庭教育、职业培训、卫生保健、劳动力迁移和劳动力就业信息收集与扩展等途径而获得的，能提高投资受体未来劳动生产率和相应劳动市场工资的、凝结在投资受体身上的技能、学识、健康、道德水平和组织管理水平的总和"。通过梳理国内外学者对人力资本的研究，可以看出，人力资本主要包括技能、学识和健康三个主要内容。

2.2.2　创业理论

国内外学者们十分关注创业活动，分别从经济学和管理学的角度进行了大量卓有成效的研究。经济学家们对于创业问题的关注点集中在创业的经济绩效，也即创业对于经济增长和发展、就业、生产率等的影响上，同时也就影响创业活动的各类因素进行了分析，而管理学上的创业问题分析则从创业者或创业企业入手，分析创业活动的过程和特点、创业者决策行为对创业活动的影响以及影响创业者决策的因素。本研究将基于上述两个创业研究领域，重点借鉴微观视角下创业过程、创业机会和创业资源理论加以分析。

关于创业过程的研究主要围绕两个核心内容：第一，创业过程中概念界定的研究；第二，创业过程内容的研究。早期的对于创业过程研究主要基于创业过程的复杂性特征，进一步诠释创业的行为过程，侧重于厘清创业过程中的关键要素及其相互作用机理。盖特纳认为创业过程就是新组织的创建过程，其理论模型主要由四个因素构成，即个人、环境、组织和创立过程（Gartner，1985）。威廉试图改进盖特纳的模型，从新企业成败影响因素的视角将创业过程改为由个人、机会、环境和风险与报酬等要素构成

（William，1997）。20世纪90年代，创业实践发展迅猛，学术界通过理论探讨，构建理论模型，考察创业过程的动态性特征，并结合企业生命周期理论来分析创业过程。霍特提出的创业生命周期理论将创业过程分为四个阶段，包括前期创业阶段，创业阶段，早期成长阶段和后期生长阶段，其中每个阶段也提出了不同的重点和活动内容（Holt，1992）。奥利弗将创业经历的过程详细划分为八个阶段，并就创业过程中的各阶段进行了深入的讨论（Olive，2001）。

创业机会是创业活动之所以发生的核心和创业行为得以开展的前提条件，也是创业研究领域区别于其他学术领域的概念基础（Shane & Venkataram，2000）。创业机会来源不同，所以发现创业机会的方式也不相同。创业者获取信息与转化信息的方式会对他们发现机会产生重要的影响，通过系统搜寻和外化方式来转化信息能提高发现创业机会的概率（Corbett，2007）。墨菲提出发现创业机会的多维度模型，并从主动搜寻和意外发现的两个不同维度把发现机会的方式分为惊喜发现、周密搜寻、坐享其成和意外发现四种，改变了用单一维度来解释发现创业机会的做法（Murphy，2011）。创业机会是创业者基于所获信息，在细致梳理后所作出的判断，总结创业者发现创业机会的推理逻辑的触发机制，能够帮助创业者将随机性的创业机会设别过程理性化（Shepherd & Gregoire，2012）。穆勒等人的进一步研究发现，创业者之前的创业经验对于创业者的推理逻辑有着直接影响（Mueller & Shepherd，2014）。

创业的过程也就是创业者整合相关资源的过程，创业能否成功以及创业绩效如何在很大程度上取决于创业者整合资源要素的能力（Mosakowski，1998）。创业资源理论重视创业者的异质性创业资源禀赋状况，认为创业者在最大化整合现有资源的基础上，必须突破现有资源约束，努力获取新资源（Baker & Aldrich，2000）。

较之于国外研究者，国内学者关于创业问题的研究起步较晚。杨长海（2012）指出创业理论包括商业机会、创业团队和创业资源，当这三个因素之间相互协调并达到平衡状态才会促使创业活动的成功。他进一步指出，对于创业活动而言，商业机会是核心要素，创业活动过程中的主导力量是创业团队，创业的必要基础是创业者的资源禀赋状况。创业起始于市场潜在机会，创业核心是发现和开发市场机会。付宏（2013）认为创业者通过利用社会网络资源，可以发掘和利用创业机会，对于企业融资起积极作用，推动企业进一步成长。高静、张应良（2014）在对于农户的创业研究中，剖析了资源拼凑方式对农户创业价值的实现机理。

2.2.3　劳动力流动理论

美国经济学家刘易斯通过构建发展中国家的农业剩余劳动力转移流动到城市工业部门的劳动力转移模型，于1954年提出了著名的"二元经济理论"（Lewis，1954）。在其发表的《劳动力无限供给条件下的经济发展》一文中，刘易斯将发展中国家经济分为两个部门：一是传统农业部门，其特点是生产方式落后，农业劳动生产率低下，存在大量剩余劳动力；二是现代工业部门，生产方式先进，生产效率较高，且伴随着经济发展不断扩张，对劳动力的需求旺盛。两部门间的劳动生产率和工资收入差异吸引农村剩余劳动力由传统农业部门向现代工业部门不断转移流动。转移的过程分为两个阶段，在第一阶段，由于部门间存在着工资差距，现代部门的高工资水平吸引着农村剩余劳动力从农业部门向工业部门流动，直至农业部门的边际劳动生产率大于零。到了第二阶段，全部农村剩余劳动力转移至工业部门，农业部门的边际劳动生产率提升，农业生产实现现代化，农业收入提高，部门间的工资收入差异得以消弭，至此发展中国家实现了"二元经济"向"一元经济"的转型，两个阶段的交汇点即是"刘易斯转折点"。

费景汉和拉尼斯在1961年发表的《经济发展的一种理论》一文中进一步修正了刘易斯二元经济模型，在刘易斯二元经济模型的基础上，费景汉和拉尼斯通过构建新的人口流动模型，把不发达国家经济部门间的劳动力转移分为三个阶段，其认为农村剩余劳动力分为"多余的劳动力"和"隐蔽的失业者"两类。所以在第一阶段，由于部门间工资差距，由农业部门转移至工业部门的是农村"多余的劳动力"，这部分劳动力的农业边际劳动生产率为零。在第二阶段"隐蔽的失业者"开始转移，这部分劳动力的边际劳动生产率大于零但是低于平均收入，这会导致农业部门产出下降。在第三阶段，随着"隐蔽的失业者"的转移，农业部门产出下降，工业部门劳动力成本上升，劳动力转移速度下降，直至部门间工资水平相同时劳动力转移就会停止。

区别于刘易斯从劳动力供给角度的分析，二元劳动力市场理论从需求方面对劳动力流动进行了探讨（Doringer & Piore，1971），二元劳动力市场理论将劳动力市场分为一级市场和二级市场两类。在一级市场上，劳动力的工资收入较高，工作条件较好，就业相对稳定，升迁机会和参与培训的机会较多，且是非竞争性的；而在二级市场上，劳动力工资收入较低，工作条件较差，劳动力流动颇为频繁。两类市场上的市场结构和工资决定机制存在差异，一级市场的劳动力工资水平主要受企业与工人工会间的谈判决定或者由企业提供效率工资；而二级市场上的劳动力工资水平则取决于劳动力的边际贡献率，或者由市场决定。同时由于制度壁垒的存在，两类市场上的劳动力不能自由流动转移。二元劳动力市场使得劳动力的转移流动过程更为复杂。

随着城市失业现象的出现，刘易斯模型和费景汉—拉尼斯模型在面对城市就业不足与农业剩余劳动力转移进城并存的现象时解释乏力。基于此，托达罗模型通过引入预期收入对劳动力流动进行了深入探讨（Todaro，1999），他认为，农业剩余劳动力在做出向城市流动的决策过程中，主要考量的因素是转移面临的预期收益，如果较之于在农业部门的预期收益而言，城市预期收益越大，农业劳动力将选择转移至城市工业部门。

托达罗模型中，随着城市预期收入与农村预期收入差距（d）的扩大，农业劳动力转移数量 M 不断增加，可以由下式加以表示：

$$M = f(d) \quad \text{且有：} f > 0 \tag{2.1}$$

托达罗认为，转移的预期收益（d）等于城市工业部门预期收益（w×u）

减去在农业传统部门预期收益（r）与转移流动成本（c），而城市工业部门预期收益等于预期收入乘以在城市中的就业概率。

$$d = w \times u - c - r \tag{2.2}$$

农业剩余劳动力在城市工业部门中的就业概率取决于城市工业部门创造的就业机会与城市失业人数。

$$q = \frac{b \times N}{S - N} \tag{2.3}$$

其中，b 为城市工业部门的就业创造率，N 表示在城市工业部门的就业总数，b×N 即为城市工业部门所创造的就业机会；S 表示城市中的劳动力总数，S－N 为城市中的失业人口数量。由式（2.3）可以看出，城市就业概率与城市工业部门就业机会成正比，与城市失业人口数量成反比。

托达罗在分析中进一步指出，城市工业部门就业创造率（b）等于工业部门工业产出的增长率（μ）减去工业部门劳动生产率增长率（p）：

$$b = \mu - p \tag{2.4}$$

由于劳动力迁移过程可能面临多个阶段，不在一个时期内，托达罗进一步建立了多时期的劳动力迁移模型。

$$M = f[V(0)] \text{ 且有：} f > 0 \tag{2.5}$$

V(0) 表示农业剩余劳动力在计划期内预期城乡收入差异的净贴现值，取决于农业剩余劳动力在 t 时期的城市实际工资率（$Y_u(t)$）、农村实际工资率（$Y_r(t)$）、城市工业部门就业概率（P(t)）、劳动力转移流动成本（C(0)）、贴现率（r）以及计划期数（n）。

$$V(0) = \int_{t=0}^{n} [P(t)Y_u(t) - Y_r(t)]e^{-rt}dt - C(0) \tag{2.6}$$

当 V(0) > 0 时，农村剩余劳动力预期收益为正，有意愿从农村转移至城市，农村转移到城市中的人口数量增加；当 V(0) < 0 时，农村剩余劳动力的预期收益为负，农村劳动力则不考虑转移，甚至可能导致农村劳动力从城市回流到农村。由托达罗的劳动力转移模型可知，在劳动力转移流动的过程中权衡的主要因素为预期收益和成本。

2.3 研究综述

2.3.1 创业的相关研究

创业活动是人类较早的实践活动之一，在 20 世纪后期受到人们的关注并取得重大发展。国外学者对创业研究较早，盖特纳认为创业者在与机会互动的条件下开展组织活动并实现价值创造的过程是创业（Gartner，1985）。洛和麦克米兰基本认可盖特纳的观点，并建议不同的研究领域应该有一个共同的创业定义（Low & Macmillan，1988），他们认为创业就是创办新企业。创业的价值来源应该与创新相结合，不能以创业者的个性来定义创业（Drucker，1985）。施佩希特认为创业环境是积累的资源，能够为创业活动顺利开展奠定基础（Specht，1993）。同时，创业环境也反映出一国政府或社会对开展创业者的支持力度，政府和社会能否为创业者制定与创业相关的政策体系，直接关系到创业者的积极性以及其创业成功的概率（Corapers，2007）。创业机会是创业者对信息加工处理后的判断，对发现创业机会的过程进行总结，有助于使得以后发现创业机会的过程更加理性化（Shepherd & Gregoire，2012）。穆勒和谢泼德通过对创业机会的进一步研究发现，创业者发现机会的思维逻辑会受到以往经验的影响（Mueller & Shepherd，2014）。

国内学者辜胜阻等人（2008）总结出创业是整合优势资源、创造机会，同时构建新型的组织形式并具备应对风险因素的活动。创业过程就是新型组织形式的构建过程，包括让商业计划成功实现的所有事件（王玉帅、吴超，2013）。王朝云（2014）通过对创业网络构建与创业过程推进二者关系的研究，验证了当前创业过程研究所提出的关键要素与关键行动共同演进关系的存在性，为促进我国创业实践提供了理论指导。创业机会是创业研究的核心，邓卫华等（2010）通过相关案例研究揭示了创业机会识别的内在机理。也有少数国内学者开始从认知的角度来研究创业机会问题（任旭林、王重鸣，2007；周小虎等，2014），强调创业者个体的认知方式对识别、发现机会的重要作用，并且认为创业者的一些主观因素会决定机会的形成（杨静、王重鸣，2012）。单标安等（2015）研究发现，创业者对自身的警觉性和外部环境的识别程度取决于前期创业知识的积累，同时会对识别、评价和利用创业机会产生影响。

创业环境是创业者进行创业活动的过程中可以利用并且需要面对的外部影响因素的总和（杜海东等，2012），来新安（2009）将创业环境归纳为一般社会环境、政治环境、经济环境、创业商业和文化环境。有学者通过对创业环境研究视角的细分，得出更有针对性的结论。刘畅等（2015）通过对农村微型企业的分析，将创业环境分为有形环境（创业配套设施、金融支持等相关政策）和无形环境（地区创业文化和市场环境等），不同因素导致农村微型企业的生存、成长和创新绩效引致路径有所差异。

2.3.2　创业培训的相关研究

创业培训可以帮助人们系统学习创业知识与技能，提高创业成功率，从而实现以培训助创业，以创业促就业（刘畅，2007）。创业者的态度是创业成功的关键，因此，必须通过相关培训加强对创业者能力的培养，帮助其克服创业过程中的困难险阻（Hennon，2008）。2003年，我国正式引进国际劳工组织的"创办和改善你的企业培训项目（SIYB）"，同时包括"产生你的企业想法（GYB）""创办你的企业（SYB）""改善你的企业（IYB）"和"扩大你的企业（EYB）"系列，通过层层递进的培训，帮助有创业愿望的劳动者。近些年来，创业培训相关问题越来越受到社会各界的关注，国内学者从不同角度和不同领域对此展开了大量研究。郑军（2013）以山东省为例，运用多元回归模型分析了农民参与创业培训意愿的影响因素，结果表明年龄、对创业培训的满意度、对创业前景的担忧以及对参与创业培训的预期收益等多个因素会对农民参与创业培训产生影响，其中，创业培训满意度和创业培训预期收益会提高农民参与培训的积极性，年龄和对创业前景的担忧则会降低他们创业培训的意愿。朱冬梅和黎赞（2014）总结出北京、浙江、广东等发达地区存在四种典型的农民工培训模式，分别是"订单式"培训模式、"培训券"模式、"富平"模式和"双转移"模式；而我国欠发达地区存在的农民工培训模式则主要是"政府主导型"及"师傅带徒弟式"这两种培训模式。农民工教育培训两个主要的受益主体分别是农民工和其从业的企业，只有他们都能互相配合并积极参与，该类培训才能持续推进发展，我国现阶段在农民工培训方面已取得一定成效，但仍需加强（吕世辰、陈晨和霍韩琦，2015）。

2.3.3 返乡农民工的相关研究

随着我国城市化步伐的加快和农村经济体制改革的深化，农民工在全国范围内的双向互动转移现象越来越明显，伴随着城乡产业结构的调整，一些地区出现大批农民工回流现象，返乡农民工问题受到国内学者越来越多的关注。通过陈明（2009）等人的研究，将农民工返乡的原因归纳为以下三个方面：一是由于户籍制度的约束，农民工很难融入到城市当中；二是由于相关保障政策的缺乏，农民工的合法权益往往很难得到维护；三是由于自身素质的缺乏，农民工的就业面狭窄。基于生存的理性选择下，家庭是支持农民工外出打工或是返乡的基础，所以农民工是家本位的社会行动主体，而不是城市化的历史主体，解决农民工问题的重要对策是建设一个更好的农民工可以返回的农村（张世勇，2011）。农民工返乡后为满足生存和发展需要，将会进行重新就业或是自己创业。马芒等（2012）利用安徽省返乡农民工数据，通过实证分析指出返乡农民工是否会再就业受到人的特质因素、流动因素、能力素质因素及家庭因素等多个方面因素的影响，并进一步指出家庭规模较

小、生活水平较好的青年男性农民工返乡后更容易就业。农民是创业型经济
发展的重要力量，农民工通过返乡创业是解决自身发展的一种重要途径（李
安、李朝晖，2014）。程文超等（2014）指出返乡创业是农民工为满足家庭
需要放弃外出打工或返乡务农的经济选择行为，家庭因素是影响农民工创业
的关键因素，经济利益和社会地位的影响作用较小，所以农民工返乡创业不
仅具有良好的经济效应，而且有助于促进社会的和谐和稳定。大量农民工失
业返乡，不仅会直接影响农民工的生活质量，以及城乡产业结构和劳动力的
布局，同时还影响城乡的和谐发展。因此，维护和保障返乡农民工的生存权
与发展权是政府和全社会关注的焦点（徐欣欣，2013）。

2.3.4 返乡农民工创业的相关研究

近几年，随着我国经济增速的放缓和经济结构的转型升级，越来越多的
外出务工农民向家乡回流，农民工返乡创业也逐步成为我国许多地区解决
"三农"问题和开展新农村建设的重要方式与途径（袁明达、朱敏，2015）。
西方学者的研究一般都是从农民创业这一角度出发，而对返乡农民工这一中
国特殊群体的创业研究尚未涉及。达布森认为农民创业有利于振兴乡村经济，
强调创业是解决低收入社区和落后区域的根本途径（Dabson，2001）。农民创
业促进农村经济的转型升级，为当地提供更多的就业机会（Fortunato，
2014）。亨克则进一步缩小和深化视角，指出决定农民创业的关键因素包括：
创业者年龄、教育程度、婚姻状况、孩子数量、社会地位等（Henk，2010），
而农民创业过程中面临的障碍包括创业态度、创业文化和信息获取能力等条
件的限制（Musdiana & Noor，2011）。在农民创业过程中需要制定完善的政
策措施以激发农民的创业意识，同时农村所拥有的丰富资源可以作为农民的
创业优势（Sauka et al，2008）。

农民工返乡创业符合新农村建设目标，有助于缓解城市就业压力，有助
于缩小城乡差距（温敏，2014）。近年来，返乡农民工创业问题已成为我国

学者研究的热点。张秀娥、张峥和刘洋（2010）引用 GEM 修正模型，通过构建返乡农民工创业活动模型，将影响返乡农民工创业活动的因素概括为外部环境特征因素、返乡农民工个体特征因素及其外出打工经历因素三个方面。陈文超等（2014）从政策制定角度出发，研究政府扶助政策和农民工返乡创业间的关系，发现优惠政策和社会扶助对农民工的刺激并非呈线性变化，创业政策的影响存在阈值，政策扶持力度达到一定程度时才会对返乡农民工创业行为产生影响。创业环境和农民创业者的特质也会对农民创业行为产生不同程度的影响（吴小立、于伟，2016），返乡农民工本身也是农民，返乡农民工的创业活动同农民的创业活动存在很多共性。返乡农民工是创业者中的弱势群体，为使农民工返乡创业顺利进行，需要政府给返乡农民工提供相关政策以支持其进行创业活动。张秀娥等（2012）认为政府要实现创业政策的多元化，通过提高农民工创业成功可能性的多方面措施来营造良好的创业环境，以降低农民工返乡创业的难度和提高返乡农民工创业成功率。另外，各地方政府也应在政策许可的范围内，大力支持当地农民工返乡创业（程业柄，2014）。

2.3.5　农民工培训的相关研究

对农民工培训问题的研究，既有利于提高农民工自身技能，满足企业需要，同时也有利于我国和谐社会的建设和国家经济的有序发展（赵曙明，2001）。

（1）关于农民工培训模式。培训是解决农民工就业问题的重要举措，农民工培训必须建立系统的培训模式（杨艳红，2009），国内的相关专家也对农民工培训模式的建立和完善提供了理论基础。童辛（2006）提出当前农民工培训模式可分为四种类型：第一种是国家主导的政府级的大型农民工培训模式；第二种是"三单模式"，就是政府、企业和学校联合举办，其中政府提供培训资金、学校提供培训课程、企业提供培训人员；第三种是职业学校对农民工进行的专项技能培训模式；第四种是居委会和街道宣传培训的社区工作模式。不同年龄、不同层次的农民工所采用的培训模式可能也会不尽相同。娄玉花、徐公义（2013）针对新生代农民工教育培训现状的调查结果，提出了全日制能力本位项目化教育培训、业余网络远程教育培训和送教进企业社区教育培训三种模式及其具体实施办法。朱冬梅、黎赞（2014）总结出北京、浙江、广东等发达地区存在四种典型的农民工培训模式，分别是"订单式"培训模式、"培训券"模式、"富平"模式和"双转移"模式，而我国欠发达地区存在的农民工培训模式则主要是"政府主导型"及"师傅带徒弟式"这两种培训模式。

（2）关于农民工培训需求。农民工主观上渴望参加培训，但是由于企业为农民工提供培训不足以及社会上相关培训机构发展滞后让他们实际参与的动力不足，而将农民工对于培训的主观需求转变为现实需求则要通过制度创新（刘平青、姜长云，2005）。韩秋黎等（2007）通过对农民工的问卷调查，发现大多数农民工希望获得参加职业技术培训的机会，从而通过培训提高自身的工作技能和知识水平。黄瑞玲、安二中（2011）基于江苏省1516位农民工的调查结果，指出越来越多的农民工希望参加职业技术培训以提高自己的职业技能，达到增加收入的目的，而培训费用应该让政府和企业承担，并在不占用工作时间的条件下，开展以短期为主、阶段性递进方式的正规职业技术培训。夏怡然（2015）通过对农民工培训需求的实证分析，指出农民工对务工城市的在职培训需求强烈；同时农民工的在职培训需求表现出显著的个体差异，受教育程度较高的男性农民工，或是外出打工时间较长以及来自东部和中部的农民工对在职培训的需求更高，因此在制定农民工培训政策时需关注可能由培训需求的个体差异导致的农民工人力资本差距扩大问题。

（3）关于农民工培训的影响因素。张秋林、张晔林（2008）指出个体特征、家庭特征和培训项目特征等因素会共同影响农民工参加培训的意愿；同时根据赫克曼的研究将参加培训的决策过程分为"是否愿意接受培训"和"愿意投入的规模"两个阶段。丁煜等（2011）通过实证分析，证实性别、受教育程度、婚姻状况和家庭收入水平是影响农民工是否参与培训的因素，其中男性相对女性更愿意参加培训、受教育程度与农民工是否参加培训呈显著的正相关。汪传艳（2013）进一步将影响因素扩展至农民工群体特征等因素，结果表明个体异质特征对农民工参加培训有显著影响，而农业背景因素和务工背景因素对农民工参加培训没有显著影响。农民工参与职业培训有时是自主选择行为，有时又是职业培训组织方政策实施与选择的结果。随着农民工培训的发展，性别因素的效应逐渐在淡化，农民工参加职业培训情况会受到农民工个体特征和就业状态等多种因素的综合性影响（柳军，2015）。

（4）关于农民工培训成效。农民工在中国社会发展过程中发挥着不可估量的作用，因此如何提高农民工培训的成效，使得农民工更为有效地为社会建设服务，已成为一项亟待解决的问题（陈艾华、孔冬，2012）。随着我国产业结构的升级，对农民工素质和技能的要求也随之提高，杨加宁（2007）认为农民工应当参加职业培训，获得相关职业技能证书，不仅有利于他们更好地就业，而且也满足行业需求。同时，农民工参加技能培训还能显著提高自己的收入（国家统计局课题组，2007）。梁栩凌、廉串德（2013）基于北京市农民工调研数据，通过对培训成效评估模型的实证分析，表明培训因素对农民工培训效果影响最显著，其中培训的就业效果受政府资助的影响，而培训的收入效果则受到企业资助的显著影响，因此高水平培训会提高农民工的就业稳定性和增加农民工的收入。农民工教育培训的受益主体有两个，分别是农民工和农民工从业的企业，只有互相配合并积极参与，该类培训才能持续推进发展。

2.3.6 返乡农民工创业培训的相关研究

农民工创业并非一蹴而就，如果可以通过创业培训，对符合创业条件的返乡农民给予引导和帮助，不仅能够增加农民工创业成功的可能性，增加个人收益，还能为社会创造更多的就业岗位，让更多的人实现就业，从而促进当地经济的发展。创业培训是帮助返乡创业农民工提升个人能力，并最终成功创业的重要途径，只有结合返乡农民工的学习特点，创业培训才能达到预期效果（刘奉越、孙培东，2009）。朱红根等（2011）以江西省为例，调查发现农民工的年龄、受教育程度和是否掌握技能是目前影响农民工返乡创业成败的决定性因素，建议通过加强职业技能培训提高农民工创业成功率。随着农民工培训的发展，性别因素的效应逐渐在淡化，农民工特征与培训参与情况存在一定的系统性关系并受多种因素的综合性影响（柳军，2015）。刘海（2014）结合国内外研究理论以及国内现状，指出返乡农民工创业培训的模式主要有 3 种，分别是：由国际劳工组织开发的"创办和改善你的企业（SIYB）"培训模式。由理论学习、咨询辅导和后续扶持组成的"三段式培训"模式；由各城市根据创业实际需要组织实施的地方培训模式。为进一步提高返乡农民工创业成功率，可以通过完善创业培训管理机制、深化教育培训研究、加强培训投入等途径实现。针对农民工返乡创业环境不佳问题，郭志仪、金沙（2008）指出要完善基础设施，提高公共服务水平，加强返乡农民工创业政策的宏观协调机制。同时，政府要针对不同创业主体制定符合其创业需求的有效政策（李华红，2012）。创业培训是新生代农民工成功创业的有效途径，为保障新生代农民工返乡创业培训的有效开展，要加强舆论宣传，增强培训内容的实用性，丰富培训方式，强化政府行为并将每项创业培训政策落到实处（茅国华、孙文杰，2014）。

2.4 综述小结

通过对创业文献的梳理可以看出，国内外学者主要从创业、创业培训、返乡农民工、返乡农民工创业、农民工培训和返乡农民工创业培训等角度开展研究，并得出很多富有见地的结论和建议，对促进我国相关研究具有一定的现实指导意义和参考价值。但同时，由于学者们研究的角度和领域不同，所得结论也存在差异，很多学者对创业的研究大多从国家层面进行分析，多是一些一般化的理论分析，也没有提出具体性研究框架，所以针对性不强，需要进行深入具体的研究和分析。当前，返乡农民工已成为我国第二、第三产业从业人员的主力军，我们要转变经济增长方式，必须加强对返乡农民工的教育培训。相关研究总结了返乡农民工培训的模式，分析了目前返乡农民工培训的需求及影响因素，对促进农民工培训实践的健康发展大有益处。在此基础上，借鉴西方发达国家关于职业培训的研究，构筑属于中国的返乡农民工培训理论体系，并将理论研究付诸实践，以满足经济发展、产业升级对劳动力素质提升的需求。我国的创业培训经过近20年的发展，已经取得了快速的发展和进步，尤其是在实践方面，针对返乡农民工的创业培训进展迅速；但在理论方面，由于每个学者研究领域不同，针对返乡创业培训的影响因素研究各有不同，应从实际出发，立足国情和各个地区特色，深入分析制约农民工返乡创业的影响因素，提高培训绩效，进一步推进返乡农民工创业培训工作开展。

3　返乡农民工创业培训现状分析

3.1 返乡农民工创业状况

3.1.1 返乡农民工创业总体状况

3.1.1.1 返乡农民工创业的发展状况分析

众所周知，创业推动了经济、社会的发展，是一个国家和地区经济发展不可缺少的一部分。返乡农民工与普通创业者一样，同样推动了国家、地区的发展以及社会的进步，随着国家和政府对"三农"问题的日益重视，使得返乡创业成为农民工的首要选择，国家和地方政府出台了越来越多的政策支持农民工返乡创业。农民工返乡进行创业是我国特有的现象，此现象于20世纪90年代开始出现，返乡农民工比例不超过5%，相对来说基数较小。自1995年以后，返乡农民工数量开始迅速上升，到1998年，返乡农民工数量占农民工总数的35%。2000年以后，农民工返乡创业的步伐进一步加快，并受到社会的广泛关注。2008年，受金融危机的影响，农民工返乡创业趋势日益扩大，这种大规模的农民工返乡现象亦可称为"返乡潮"。建设社会主义新农村的重大举措之一就是支持返乡农民工创业，返乡农民工创业实质上是农民工的"回巢"现象，伴随农民外出打工而来。返乡农民工创业具有创业的一般共性，同时由于创业主体、创业环境及创业行业的差异，致使返乡农民工创业又具有特殊性。通过相关学者对各地区的实地调研，目前我国返乡农民工创业具有以下显著的特点：农村劳动力双向流动，返乡农民工创业加速发展，2000年以后，返乡创业的农民工比例从1/3提升至2/3，且比例在进一步扩大；返乡农民工创业并非集中在农业领域，创业领域多集中在与农业有关的非农产业；东、中、西部地区在返乡农民工创业上具有地域差异，差异主要体现在返乡时间、发展程度、产业分布三个方面。由国家统计局发布的农民工监测调查报告显示，2015 年农民工总量为 27747 万人，比上年增加 352 万人，涨幅为 1.3%。至 2015 年底，相关数据显示，农民工创办的个体工商户数量达到 2505 万个、农产品加工企业数量为 40 多万家、休闲农业经营主体数量为 180 万家、农民合作社数量达到 147.9 万家。在这些企业中，由返乡农民工创办的占据了总体的 70%。从输出地看，中部地区农民工 9609 万人，比上年增加 163 万人，增长 1.7%，占农民工总量的 34.6%；东部地区农民工 10760 万人，比上年增加 96 万人，增长 0.9%，占农民工总量的 38.8%；西部地区农民工 7378 万人，比上年增加 93 万人，增长 1.3%，占农民工总量的 26.6%①。由数据分析可得，西部地区外出务工农民增幅最大，西部地区剩余劳动力由农村向城市流动的加快为返乡创业奠定了良好的基础，提供了更大的可能性，农民工数量的激增，使得西部地区返乡农民工创业热潮逐渐显现。

3.1.1.2 返乡农民工创业的政策环境

2015 年 6 月，国务院办公厅印发了《关于支持农民工等人员返乡创业的意见》，目的在于通过国家政策推动农民工等人员返乡创业，进而稳定返乡农民工收入，促进"三农"问题的解决，提高社会和谐度。

国务院办公厅关于支持农民工等

人员返乡创业的意见（节选）

支持农民工、大学生和退役士兵等人员返乡创业，通过大众创业、万众创新使广袤乡镇百业兴旺，可以促就业、增收入，打开新型工业化和农业现代化、城镇化和新农村建设协调发展新局

---

① 2015 全国农民工监测调查报告，http：//www. stats. gov. cn/tjsj/zxfb/201604/t20160428_1349713. html

面。要加强统筹谋划，健全体制机制，整合创业资源，完善扶持政策，优化创业环境，全面激发农民工等人员返乡创业热情，全面汇入大众创业、万众创新热潮，加快培育经济社会发展新动力，催生民生改善、经济结构调整和社会和谐稳定新动能。健全基础设施和创业服务体系，加强基层服务平台和互联网创业线上线下基础设施建设，依托存量资源整合发展农民工返乡创业园，强化返乡农民工等人员创业培训工作，完善农民工等人员返乡创业公共服务，改善返乡创业市场中介服务，引导返乡创业与万众创新对接。

《意见》提出支持返乡创业的五方面政策措施：一是降低返乡创业门槛。二是落实定向减税和普遍性降费政策。符合政策规定条件的，可享受减征企业所得税、免征增值税、营业税等税费减免政策。三是加大财政支持力度。对符合条件的企业和人员，按规定给予社保补贴；具备享受支农惠农、小微企业扶持政策规定条件的纳入扶持范围；经工商登记注册的网络商户从业人员，同等享受各项就业创业扶持政策；未经工商登记注册的，可同等享受灵活就业人员扶持政策。四是强化返乡创业金融服务。运用创业投资类基金支持农民工等人员返乡创业；加快发展村镇银行、农村信用社和小额贷款公司，鼓励银行业金融机构开发有针对性的金融产品和金融服务；加大对返乡创业人员的信贷支持和服务力度，对符合条件的给予创业担保贷款。五是完善返乡创业园支持政策。

资料来源：国务院办公厅关于支持农民工等人员返乡创业的意见，http://www.gov.cn/zhengce/content/2015 - 06/21/content_9960. htm。

3.1.2 中西部地区返乡农民工创业的状况——基于样本调查区域

3.1.2.1 安徽省

长期以来，安徽既是农业大省也是人口大省，农民外出务工数量一直居于全国前列。根据《安徽省国民经济和社会发展统计公报（2015）》相关数据显示，2015 年安徽省农民工总量为 1858.8 万人，其中外出农民工 1371.4 万人。结合相关资料和数据分析发现，安徽省农民工返乡创业者多从事非农业产业，企业形式主要是个体和私营，并集中于第二产业，第一产业和第三产业相对较少，中年男性为这些返乡创业者的主力军，并且掌握一定的技能。但由于缺乏资金、融资渠道不顺，创业者缺乏创业热情、缺乏抗风险能力等原因，返乡农民工创业效果未像预期般显著。再加上政府对农民工返乡创业缺乏深入的研究，行政效率低下，服务意识尚且不足，政策实施的落后，地区发展水平有限等因素使得安徽省农民工在返乡创业上依然面临严峻的挑战。加大扶持力度，针对安徽的特殊情况有效解决农民工就业或创业问题，提高返乡农民工素养是重中之重。

为促进农民工返乡创业，安徽省在 2009 年全省农民工工作要点中指出，各地已建成的再就业创业园要向农民工开放，且农民工享受国家和省所规定的下岗失业人员优惠政策。在现有 103 个农民工创业园的基础上，2009 年在人口密集、返乡创业农民工较多的重点乡镇，统一标准，再建 150 个农民工创业园，为有创业愿望和创业项目的农民工提供创业服务。截至 2010 年底，安徽省已建成农民工创业园 261 个，80% 的农民工创业园发挥了创业带动就业的作用。安徽省作为东部沿海地区和内陆的过渡地区，显现出特殊的地理位置和社会环境，在此优势下，为鼓励更多的农民工返乡创业，国务院于 2010 年 1 月 12 日正式批复《皖江城市带承接产业转移示范区规划》。2015 年，示范区地区生产总值与 2008 年相比增长达两倍以上，且示范区与长三角实现了取长补短、一体化发展。皖江城市带承接产业转移示范区为返乡农民工提供了丰裕的创业资源，为返乡农民工的创业提供了优良的平台。安徽省人民政府办公厅于 2015 年 10 月发布了《关于支持农民工等人员返乡创业的实施意见》，极大地促进了农民工进行返乡创业，激发了农民工返乡创业的热情，数据显示政策扶持使返乡创业的农民工数量进一步扩大。

安徽省人民政府办公厅关于支持农民工等
人员返乡创业的实施意见（节选）

进一步加大对返乡农民工创业的政策扶持，主要包括降低返乡创业门槛、落实减税降费政策、加大财政支持力度、强化金融服务以及建立社会兜底保障机制。全面落实支持农业发展、扶持小微企业发展、支持科技创新、吸纳失业人员就业等税收优惠政策，建立返乡创业财政支持政策目录，保障返乡创业人员同等享受招商引资、财政优惠政策的权利。为返乡创业人员社保关系接续提供方便高效的服务，确保其各项社保关系顺畅转移接入，引导返乡人员以个体身份参加城镇企业职工基本养老保险。意见同时强调完善服务体系，为农民工返乡创业提供便利，主要措施包括加强农村基础设施建设、健全返乡创业公共服务、加强返乡创业园建设、强化创业培训、推进返乡创业与万众创新有效对接以及帮助返乡创业企业提高经营管理水平。

资料来源：安徽省人民政府办公厅关于支持农民工等人员返乡创业的实施意见，http：//xxgk. ah. gov. cn/UserData/DocHtml/731/2015/10/23/397767414622. html。

3.1.2.2 江西省

江西省毗邻"长、珠、闽"，区位优势明显，且土地、劳动力等生产要素成本低廉，吸引了大批沿海地区的劳动密集型产业在江西扎根落户。一方面，大批产业的建立增加了本省的劳动力需求量，促进了就业。另一方面，产业转移也促进了相关联的加工业和服务业的发展，提供了相应的新的创业机会，在外积累了一定技术、资金、人脉和经验的农民工利用此契机进行返乡创业。根据国家统计局江西调查总队在 2015 年的统计数字表明，江西近 842 万农民外出务工，返乡创业的农民工比例超过 2%，达到 19.6 万。而 2014 年，全省农村外出从业劳动力共计 822.4 万人，全省农村外出从业劳动力返乡达 17.2 万人，占全年外出劳动力总数的 2%。

随着沿海经济产业逐渐转移，江西省市场的不断开放，为促进经济发展，保障农民工就业，近几年江西省开始实施大开放战略，倡导全民创业、百姓创家业、能人创企业、干部创事业的舆论氛围。社会氛围的推动，在一定程度上激发了农民工的返乡创业热情。为进一步促进农民工返乡创业，江西省政府提出一系列政策措施，以促进农民工返乡进行创业，例如整合、创建返乡创业园，重点抓好 100 个返乡创业园，强化财政扶持和金融服务，并对入驻创业孵化基地的企业、个人给予相应的补贴；对符合条件的涉农企业和个人落实税收优惠政策；符合创业条件的返乡农民，可以依据自身创业项目向所在地政府部门所属小额担保贷款经办机构申请创业担保贷款。江西省人民政府办公厅于 2015 年发布了《关于支持农民工等人员返乡创业的实施意见》，在此实施意见支持下，返乡农民工创业数量将会进一步增加，江西省政府应抓住关键问题，例如激发农民工创业热情、加大政府扶持力度，更好地解决农民工就业或创业问题。

江西省人民政府办公厅关于支持农民工等
人员返乡创业的实施意见（节选）

一、加大农业农村资源开发力度。扶持农民工等返乡人员发展"一村一品"特色产业，对创业带头人在项目、资金、技术等方面予以重点支持。

二、完善农村基础设施支持返乡创业。安排相应项目给予对口支持，帮助农村完善水、电、交通、物流、通信、宽带网络等基础设施。

三、发展农民工等人员返乡创业园。支持各地依托现有各类园区等存量资源，整合、创建农民工等人员返乡创业园。

四、推动农村电子商务发展。深化电子商务进农村综合示范县建设工作，拓宽农产品网上销售渠道，鼓励返乡人员依托知名平台开展电商创业。

五、加强农民工等人员创业培训。

六、提升基层创业服务能力。继续加大基层人力资源和社会保障服务平台建设力度，2017年基本实现县级服务设施全覆盖，健全公共就业创业服务经费保障机制。

七、推进农民工等人员返乡创业与万众创新有序对接。鼓励社会资本特别是龙头企业加大投入，建设发展市场化、专业化的众创空间，促进创新创意与企业发展、市场需求和社会资本对接。

八、降低返乡创业门槛。落实注册资本登记制度改革，放宽新注册企业场所登记条件限制，总结加强事中事后监管经验，形成一批可复制的模式向全省推广。

九、积极保障返乡创业用地。支持农民工等人员返乡创业利用旧厂房、闲置仓库等建设符合规划的流通设施。

十、落实定向减税和普遍性降费政策。对符合条件的涉农企业和个人，落实税收优惠政策。

十一、加大财政支持力度。对返乡农民工等人员创办的新型农业经营主体，符合农业补贴政策支持条件的，按规定同等享受政策支持。

十二、强化返乡创业金融服务。大力拓展融资渠道，加强政府引导，充分运用创业投资类基金，吸引社会资本加大对农民工等人员返乡创业企业初创期、早中期的支持力度。

十三、加强创业担保贷款扶持。对我省范围内的返乡农民工等人员，符合创业条件的个人，可以向创业项目所在地政府部门所属小额担保贷款经办机构，申请最高10万元的创业担保贷款。

十四、做好社会保险相关服务工作。推进全省养老保险关系异地转移信息系统的建设和使用。

十五、维护返乡创业人员合法权益。建立处理劳动争议长效机制，及时公正处理涉及农民工等人员的劳动争议。

十六、加强组织协调和宣传引导。各地要高度重视农民工等人员返乡创业工作，明确政府牵头负责的领导、细化部门任务分工和配套措施。

资料来源：江西省人民政府办公厅关于支持农民工等人员返乡创业的实施意见，http://www.jiangxi.gov.cn/zzc/ajg/sbgt/201511/t20151110_1221754.htm。

3.1.2.3 四川省

四川省位于中国西南腹地，是西南、西北和中部地区的重要结合部，一直以来是劳动力转移输出大省，农民工创业潜力巨大。近年来虽然政策大力支持农民工返乡创业，但四川省农民工返乡创业人数未有明显增长，由《四川省人力资源和社会保障事业发展统计公报》数据显示，2013年、2014年以及2015年全省新增农民工返乡创业数分别为5.8万人、4.5万人和4.2万人。

为了激发农民工和农民企业家返乡创业热情，提高创业成功率，2015年四川省人民政府办公厅发布了《关于支持农民工和农民企业家返乡创业的实施意见》，并出台了一系列政策措施，体现了四川省人民政府对农民工返乡创业问题的重视，加大了投入力度，完善了农民工返乡创业体系，通过政府及相关部门的通力合作，有效地鼓舞了农民工返乡创业的决心，使得更多的农民工受惠于宏观政策，在此背景下，可以预见四川省返乡创业的农民工数量将稳步提高。

四川省人民政府办公厅关于支持农民工和

农民企业家返乡创业的实施意见（节选）

一、降低返乡创业门槛。深化商事制度改革，简化返乡创业登记方式，放宽经营场所登记要求，创新公共服务供给模式，完善优化公平竞争环境，支持农民工和农民企业家返乡创办或领办的农业经营实体参加政府采购，提供农产品供需、农业产业化经营、农业社会化服务体系建设等方面的服务，取消和下放涉及返乡创业的行政许可审批事项，全面清理并切实取消非行政许可审批事项。

二、落实定向减税和普遍性降费政策。全面落实支持农业发展、扶持小微企业发展、支持科技创新、吸纳失业人员就业等各项税收优惠政策。持有就业创业证或就业失业登记证的农民工和农民企业家创办个体工商户、个人独资企业的，可依法享受税收减免政策。各级财政、税务、人力资源社会保障部门要密切配合，严格按照相关政策规定和《国务院关于税收等优惠政策相关事项的通知》（国发〔2015〕25号）要求，切实抓好工作落实，确保优惠政策落地。

三、加大财政支持力度。充分发挥财政资金的杠杆引导作用，加大对返乡创业的财政支持力度。对返乡农民工和农民企业家创办的新型农业经营主体，符合农业补贴政策支持条件的，可按规定同等享受相应的政策支持。发挥全省各类产业发展资金作用，加大对农民工和农民企业家返乡创业项目的支持力度。各级财政在梳理适用于农民工和农民企业家返乡创业的财政支持政策的基础上，建立支持农民工和农民企业家返乡创业财政支持政策目录，保障返乡创业农民工和农民企业家享受财政优惠政策的权利。

四、强化返乡创业金融服务。加强政府引导，运用创业投资类基金，吸引社会资本加大对农民工和农民企业家返乡创业初创期、早中期的支持力度。鼓励农业保险经办机构积极开发特色农业保险险种，财政加大保费奖补力度，降低农民工和农民企业家返乡创业风险。

五、完善返乡创业园支持政策。农民工和农民企业家返乡创业园的建设资金由建设方自筹；以土地租赁方式进行农民工和农民企业家返乡创业园建设的，形成的固定资产归建设方所有；物业经营收益按相关各方合约分配。对整合发展农民工和农民企业家返乡创业园，地方政府可在不增加财政预算支出总规模、不改变专项资金用途的前提下，合理调整支出结构，安排相应的财政引导资金，以投资补助、贷款贴息、返乡创业园区建设奖补等方式给予政策支持。

资料来源：四川省人民政府办公厅关于支持农民工和农民企业家返乡创业的实施意见，http：//www.sc.gov.cn/10462/10883/11066/2015/8/6/10347332.shtml。

综上所述，各地十分重视返乡农民工创业问题，安徽省人民政府、江西省人民政府以及四川省人民政府都出台了相应的政策措施以支持农民工进行返乡创业，其中这三省人民政府都提出要降低返乡创业门槛、落实减税降费政策以及加大财政投入力度。但由于各省经济基础、社会发展程度存在差异，对返乡农民工的支持政策有各自的侧重点及差异性。其中安徽省人民政府明确提出建立社会兜底保障机制，江西省人民政府建议加大农业农村资源开发力度、加强组织协调和宣传引导，四川省人民政府倡导完善返乡创业园支持政策。通过上述政策的实施，在一定程度上激发了农民工返乡创业的热情，促进返乡农民工创业体系的进一步完善。

3.2 返乡农民工创业培训状况

3.2.1 返乡农民工创业培训总体状况

3.2.1.1 返乡农民工创业培训发展状况分析

从 2008 年开始，为了帮助返乡农民工实现创业，人力资源部门和社会保障部门在全国范围内联合对返乡农民工进行创业培训。这里的创业培训主要有以下三种模式：一是 SIYB 创业培训模式。此模式由国际劳工组织开发，原劳动部引进的，包括"产生你的企业想法"（GYB）培训、"创办你的企业"（SYB）培训、"改善你的企业"（IYB）培训、"扩大你的企业"（EYB）培训四个模块，它们既可独立使用，也可以结合起来使用，主要进行创业意识培训、企业策划培训和经营管理培训，是返乡农民工创业培训的最主要模式。二是"三段式"培训模式。我国借鉴发达国家的创业培训成果，经过试点实验后，形成这种创业培训模式。它由理论学习（2~3 个月）、咨询辅导（2~3 个月）和后续扶持（4~6 个月）三个实施阶段组成。三是地方培训模式，此模式根据各地特点及实际需要进行组织培训。其中具有代表性的是上海市实施的"创业入门班、创业实训班和创业提高班"模式以及云南省开发的创业模拟训练模式。上述三种模式中，由于第一种模式覆盖面广，因此具有代表性。由于我国的返乡农民工创业培训起步较晚，目前仍处于摸索阶段，在取得一定成果的同时也出现了一些问题，例如创业培训经费问题，培训经费主要依靠政府财政补贴，资金来源单一，经费欠缺，利用效率不高；创业培训实施问题，各地普遍将创业者培养班办成了开业者速成班，培训目标定位不准确，且培训内容不完善，缺乏行之有效的培训体系和优良的培训师资；

创业培训管理问题，管理混乱，管理方式不科学，管理机制不完善以及返乡农民工自身存在的问题，包括受教育程度偏低、职业观念落后等因素都制约着返乡农民工创业培训的发展。系统地分析制约我国创业培训效果的各种因素，努力提高培训经费利用效率、改善培训机制、健全培训组织管理、提升返乡农民工素质，将会进一步改善培训效果，提高返乡农民工综合能力，尤其是创业能力。

3.2.1.2 返乡农民工创业培训的政策环境分析

根据《国务院办公厅关于支持农民工等人员返乡创业的意见》（国办发〔2015〕47号），返乡农民工创业培训旨在丰富创业培训内容，完善创业培训形式。

国务院办公厅关于支持农民工等

人员返乡创业的意见（节选）

为打开新型工业化和农业现代化、城镇化和新农村建设协同发展新局面，鼓励创业，明确提出需强化返乡农民工等人员创业培训工作。主要内容为紧密结合返乡农民工等人员创业特点、需求和地域经济特色，编制实施专项培训计划，整合现有培训资源，开发有针对性的培训项目，加强创业师资队伍建设，采取培训机构面授、远程网络互动等方式有效开展创业培训，扩大培训覆盖范围，提高培训的可获得性，并按规定给予创业培训补贴。建立健全创业辅导制度，加强创业导师队伍建设，从有经验和行业资源的成功企业家、职业经理人、电商辅导员、天使投资人、返乡创业带头人当中选拔一批创业导师，为返乡创业农民工等人员提供创业辅导。支持返乡创业培训实习基地建设，动员知名乡镇企业、农产品加工企业、休闲农业企业和专业市场等为返乡创业人员提供创业见习、实习和实训服务，加强输出地与东部地区对口协作，组织返乡创业农民工等人员定期到东部企业实习，为其学习和增强管理经验提供支持。发挥好驻贫困村"第一书记"和驻村工作队作用，帮助开展返乡农民工教育培训，做好贫困乡村创业致富带头人培训。

3.2.2 中西部地区返乡农民工创业培训状况——基于样本调查区域

3.2.2.1 安徽省

安徽省新型农民工创业培训包括阳光工程培训、新型农民科技培训、农业专业技术培训和农民创业培训，旨在通过职业技能培训，培养出有文化、懂技术、会经营的新型农民，使农村劳动力向非农产业和城镇转移，使农民稳定就业，增加收入，推动城乡经济社会全面协调发展，为社会主义新农村建设提供人才保障。通过新型创业培训转变农业生产模式，实现农业高效增收的目的，在主要的粮食生产区以及主要的劳动力输出地区、贫困落后地区、红色革命地区开展农村剩余劳动力和返乡劳动力向非农产业和自主创业方向引导过程中的培训。

由安徽省人力资源社会保障厅、安徽省农委、安徽省经济和信息化委员会、安徽省财政厅、团省委、安徽省妇联联合推行的创业培训专项行动计划，旨在将优质的培训资源引入县乡，提高县乡返乡农民工收入水平。要求编制实施专项培训计划，开发有针对性的培训项目，加强创业培训师资队伍建设，采取培训机构面授、远程网络互动等方式，对有培训需求的返乡创业人员开展创业培训，并按规定给予培训补贴；充分发挥群团组织的组织发动作用，支持其利用各自资源对农村妇女、青年开展创业培训。

安徽省人民政府办公厅发布的《关于支持农民工等人员返乡创业的实施

意见》中明确指出加大创业培训力度，有效提高了创业培训质量。政府投入在一定程度上激发了返乡农民工的创业热情，提高了创业农民工创业的成功几率，但由于安徽省经济基础薄弱，发展起步较晚，创业体制机制不健全，政府服务意识不足，仍然面临各种挑战。

安徽省人民政府办公厅关于支持农民工等

人员返乡创业的实施意见（节选）

一方面紧密结合返乡人员创业特点、需求和地域经济特色，开发有针对性的培训项目，丰富培训内容，为有创业意愿的返乡人员免费提供培训机构面授、远程网络互动等方式的创业培训，特别是要以青年种养大户、家庭农场经营者、农民合作社骨干、返乡创业人员等为重点培育对象，分产业、分类型培育一批现代青年农场主，激活农村青年创造活力，充分发挥其示范带动作用，使之成为促进现代农业发展的骨干力量，另一方面要充实创业指导专家服务团队，健全创业指导制度，加强返乡创业企业家队伍建设，定期组织企业经营管理人员开展提升培训，引导返乡创业企业参与"安徽技能人才振兴计划"、"工学一体"就业就学试点，支持企业开展职工在岗提升培训，通过股权、分红等形式吸引技能人才。

资料来源：安徽省人民政府办公厅关于支持农民工等人员返乡创业的实施意见，http：//xxgk. ah. gov. cn/UserData/DocHtml/731/2015/10/23/397767414622. html。

3.2.2.2 江西省

江西省重点在于加强返乡农民工的创业培训，将农民工等人员职业技能培训、技能提升培训、创业培训列入政府购买培训成果的内容，按规定给予培训补贴。建立创业园区，鼓励返乡农民工进入园区进行创业，企业开展的自主培训，符合规定的，不分园区内外均可平等享受培训补贴。江西省每年组织开展农民工竞赛活动。组织开展农民工等人员职业技能鉴定活动，按照国家职业技能鉴定标准，对农民工等人员职业技能进行鉴定。鼓励农民工等返乡创业人员参加农民合作社带头人培训、农村实用人才培训、现代青年农场主培训和红杜鹃家庭服务培训。

由江西省人社厅牵头，省农业厅、省教育厅、省民政厅、省总工会、团省委、省妇联配合开展乡村创业致富带头人培训工作，2015年计划培训300人，2016年至2020年每年计划培训600人。选拔一批优秀的创业导师对农民工进行科学指导。开展农村电子商务应用培训，向农民工等返乡创业人员提供免费的创业技能培训。江西省人力资源和社会保障部等五部门于2015年开始启动实施农民工等人员返乡创业培训五年行动计划，提出到2020年使有创业要求和培训愿望、具备一定创业条件或已创业的农民工等人员，都能参加一次创业培训等一系列政策。江西省人民政府将从2016～2020年，利用5年左右时间，使创业培训、创业教育、创业考评、试创业、创业帮扶、创业成效六个环节有效结合，并开展内容丰富、灵活新颖、实用有效的创业培训。

江西省一系列培训计划的推出，使返乡农民工大大受益，并对此特殊群体展开了针对性的强化投入和创业培训，逐渐解决了农民工在返乡创业过程中遇到的问题和困难，使得江西省农民工返乡创业活动稳定、健康发展。

3.2.2.3 四川省

近年来四川省组织开展农民工职业技能提升计划——"春潮行动""青年劳动者技能培训行动"等专项培训行动，旨在提高农民工素养，鼓励其实现返乡创业。该计划于2015年培训了农民工达99.1万人，其中包括就业技能培训、品牌培训、岗位技能提升培训以及创业培训，培训人数分别是69万人、4.4万人、18.3万人以及7.5万人。

2015年四川省人民政府办公厅发布的《关于支持农民工和农民企业家返乡创业的实施意见》，明确强调要加大创业培训力度。由于四川省一直以来都是劳务转移输出大省，针对返乡农民工实施意见的出台，有效地开发了农民工进行创业活动的潜力，虽然目前返乡创业的农民工数量增长趋势尚不明显，在未来几年，随着四川省人民政府投入力度的加大，农民工返乡创业的自信会随之增强。

四川省人民政府办公厅关于支持农民工和

农民企业家返乡创业的实施意见（节选）

　　强化返乡农民工和农民企业家创业培训，强调加大返乡农民工和农民企业家创业培训力度，组织实施新型职业农民培育行动、农民工职业技能提升计划、农村青年电商培育工程等专项培训计划，对符合条件的参训人员给予培训补贴。建立健全创业指导制度，从有经验和行业资源的成功企业家、职业经理人、电商辅导员、天使投资人、返乡创业带头人当中选拔一批创业导师，充实创业指导专家服务团队，为返乡创业农民工和农民企业家提供创业辅导。支持返乡创业培训实训基地建设，动员知名乡镇企业、农产品加工企业、休闲农业企业和专业市场等为返乡创业人员提供创业实训服务。发挥好驻村工作队作用，帮助开展返乡农民工教育培训，做好贫困乡村创业致富带头人培训。

资料来源：四川省人民政府办公厅关于支持农民工和农民企业家返乡创业的实施意见，http://www.sc.gov.cn/10462/10883/11066/2015/8/6/10347332.shtml。

　　总结而言，安徽省人民政府、江西省人民政府以及四川省人民政府皆强调加强对返乡农民工进行创业培训。建立健全创业培训机制、完善创业培训体系、丰富创业培训内容、提高创业培训质量将是各地所需考虑的重中之重。

3.3 返乡农民工创业培训投入状况
——基于调研数据的分析

受全球金融危机的影响，自 2008 年以来，我国东部沿海地区大量企业纷纷减产、停产甚至濒临破产，导致用工需求大大下降，使得外出打工的农民工大量回流，形成了一阵返乡潮。从统筹城乡、区域发展的战略高度来看，返乡农民工恰恰是推动社会经济发展，促进城乡一体化的重要力量。因此，从短期来看，农民工群体大量返回农村地区一方面可能导致农民收入的下降，同时对于农村劳动力的来源地而言，就业压力陡增；但从长期来看，如果针对返乡农民工开展有效的扶持，加强创业培训，引导返乡农民工开展自主创业，不仅能够实现创业农民工个人就业与增收，而且能够创造更多的就业岗位，产生一人创业带动多人就业的连环效应，促进当地的经济发展，同时对于探索出一条更加符合我国国情的建设社会主义新农村道路有着重要的意义。前人对于影响农民工创业培训投入意愿的因素研究有很多，总结起来大致可分为以下两部分原因：一是劳动力自身原因；二是政策原因。劳动力自身原因包括培训成本、文化素养和观念问题，政策原因主要包括培训经费和培训机制问题。然而，对返乡创业农民工的职业技能培训是一项复杂的系统工程，它需要社会、企业、培训机构、各级政府以及返乡农民工等各方面的配合。近几年，我国返乡农民工的创业培训尽管取得了一定成绩，但仍存在着诸多问题，比如参与人数较少、培训面窄、培训效果不理想等，这些问题都亟待解决。

3.3.1 样本数据来源

本研究所用数据来自课题组对安徽、江西和四川等中西部地区农民工所做的实地调查，课题组于 2013 年 7 月至 2014 年 6 月期间采用问卷和半结构化访谈的方式对中西部地区返乡农民工培训投入状况进行了调研。调查对象为具有农村户口，曾在外务工现已返乡的农民工。课题组根据研究方案确定了调研内容，设计了预调查问卷，并于 2013 年 7 月在安徽皖北地区开展了预调研工作，根据预调研中遇到的相关问题和结果反馈，结合研究实际需要修订完善了调研问卷。调研的内容包括返乡农民工个体特征（包括性别、年龄、文化程度、婚姻状况等）、家庭特征（家庭人口数、家庭年收入等）、返乡前就业状况、创业培训参与状况、对各项返乡创业培训政策的评价及返乡创业的情况等。调查区域包括安徽、江西和四川等中西部地区三个省份 15 个县（市），调研共发放问卷 400 份，回收调查问卷 381 份，经过整理，获取有效调查问卷 353 份，有效率为 92.7%。有培训经历的 124 人，未参加过培训的 229 人，分别占样本总数的 35.1% 和 64.9%。

3.3.2 返乡农民工基本情况统计结果

3.3.2.1 性别、年龄及婚姻状况

表 3.1 统计了此次调查有效样本中返乡农民工的性别、年龄及婚姻状况。从性别来看，在 353 位返乡农民工中，男性人数为 188 名，占了总体的 53.3%，而女性占据全部返乡农民工的 46.7%；从年龄层次角度分析，年龄分布在 33 岁以下的返乡农民工所占比重为 81%，其余都为年龄大于 33 岁的返乡农民工，比例为 19%；根据婚姻状况统计，353 位返乡农民工中，未婚者占据绝大多数，占总体的 66.3%，已婚者所占比例为 32.0%，离婚者相对数量较少，比例为 1.7%。

表 3.1 性别年龄及婚姻状况统计

	类别	数量（人）	比重（%）
性别	男	188	53.3
	女	165	46.7
年龄	>33	67	19
	≤33	286	81
婚姻状况	未婚	234	66.3
	已婚	113	32.0
	离婚	6	1.7

3.3.2.2 文化程度

这里的文化程度指的是受教育程度，对于返乡农民工这群特殊群体，受教育程度越高，接受新知识的能力越强，创业培训效果越明显，创业培训绩效越高。通过调查发现，返乡农民工的文化程度集中在初中和高中（中专/技校），比例分别为 30% 和 53%，具体比重分布见图 3.1。

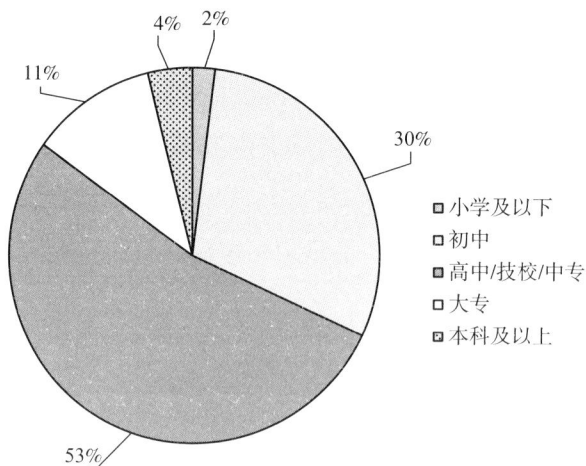

图 3.1 返乡农民工文化程度分布

3.3.3　返乡农民工创业及创业培训投入状况分析

3.3.3.1　返乡农民工创业培训参与情况

这里的培训情况指的是返乡农民工有无培训经历以及是否选择参加创业培训，培训情况影响创业培训绩效并在一定程度上反映了国家对创业培训的投入情况，各政府可通过该项统计数据调整创业培训投入力度。详细的统计指标及数据见表3.2。

表3.2　　　　　　　　　　　培训情况统计

	类别	频数（人）	比例（%）
是否有培训经历	有	124	35.1
	无	229	64.9
是否参加培训	未知	3	1.1
	是	227	64.3
	否	122	34.6

3.3.3.2　创业意愿及风险偏好

创业意愿及风险偏好体现了返乡农民工进行返乡创业活动的热情。其中调查发现，返乡农民工创业意愿集中在意愿一般以及意愿比较强烈，比例分别为39.7%和27.2%；在风险偏好方面，返乡农民工主要是风险中立型以及风险偏好型，详细统计数据见表3.3。

表 3.3   创业意愿及风险偏好统计

	类别	频数（人）	百分比（%）
创业意愿程度	不想创业	11	3.1
	不强烈	54	15.3
	一般	140	39.7
	比较强烈	96	27.2
	很强烈	52	14.7
风险偏好	未知	1	0.3
	风险规避型	62	17.6
	风险中立型	161	45.6
	风险偏好型	129	36.5

3.3.3.3 创业企业基本情况

创业企业基本情况主要是指返乡农民工进行返乡创业，在其创办的企业中，企业类型、企业盈利情况以及企业所处行业竞争力这三种基本情况说明。在样本数据中，企业类型主要以服务业为主，占据所有创办企业数量的31%；企业盈利金额集中在 11 万~50 万元，比例为 41.4%；所处行业竞争程度集中在有一点竞争力以及有一定竞争力上。具体指标及比重见表 3.4。

表 3.4   创业企业基本情况统计

	范围	频数（人）	百分比（%）
创业企业行业	制造业	46	13
	建筑业	55	16
	运输业	55	16
	采掘业	14	4
	服务业	111	31
	其他	72	20

	范围	频数（人）	百分比（%）
创业企业利润（万元）	10 及以下	75	21.2
	11 ~ 50	146	41.4
	51 ~ 100	66	18.7
	101 ~ 500	55	15.6
	501 及以上	11	3.1
所处行业竞争程度	毫无竞争力	21	6
	有一点竞争力	131	37
	有一定竞争力	152	43
	有较大竞争力	42	12
	有极大竞争力	7	2

4 返乡农民工创业培训投入
意愿的影响因素研究

　　现阶段受国际经济环境的影响，伴随着国内产业结构调整步伐的加快，中国东部地区传统的劳动密集型企业发展面临诸多困难，纷纷减产、停产甚至濒临破产，对于劳动力的需求日渐下滑，大批外出务工农民工回流，农民工在全国范围内的双向互动转移现象越来越明显，返乡农民工问题越来越突出，受到国内学者越来越多的关注。返乡农民工创业对我国的经济社会发展具有非常重要的意义。农民工返乡创业是农民工将发达地区先进的管理理念、技能融合到农村优势资源中去，并创造价值的过程（王玉帅、吴超，2013）。近几年，随着我国经济增速的放缓和我国经济结构的转型升级，越来越多的外出务工农民向家乡回流，农民工返乡创业也逐步成为我国许多地区解决"三农"问题和开展新农村建设的重要方式与途径（袁明达、朱敏，2015）。2015年6月，国务院办公厅下发《关于支持农民工等人员返乡创业的意见》，指出要加快建立多层次多样化的返乡创业格局，全面激发农民工等人员返乡创业热情，创造更多的就业机会，加快输出地新型工业化、城镇化进程。创业并非易举，虽然返乡农民工在外出务工过程中积累了一定的经验和技术，但是普遍缺乏创业意识、创业知识和创业能力，加之自身文化素质不高，经营管理经验不足，创业过程面临较大困难和风险。创业培训在很大程度上能提高返乡农民工的创业意识，增加返乡农民工的创业知识，提升返乡农民工的创业能力，并且通过创业辅导，在很大程度上降低创业过程中的不确定性。通过创业培训，积极引导和帮助具有一定条件的返乡农民工实现自主创业，不仅能够实现创业农民工个人就业与增收，而且能够创造更多的就业岗位，产生一人创业带动多人就业的连环效应，促进当地的经济发展。但是，由于各种原因，当前返乡农民工仍然存在创业培训投入意愿不强、创业绩效不佳的现实。因此，通过剖析返乡农民工创业培训投入意愿影响因素，对于提升返乡农民工创业培训投入意愿，增强创业培训扶持政策的针对性，科学引导返乡农民工开展创业活动，提高返乡农民工创业绩效有着十分重要的现实意义。

4.1　文　献　梳　理

国内学者围绕农民工培训问题进行了大量卓有成效的研究。例如，赵正洲等（2012）通过对河南、湖北和湖南三省的调查，利用 Logistic 模型实证分析了影响返乡农民工参与职业技能培训的主要因素，研究结果发现，返乡农民工的性别、年龄、就业身份、职业技能等级以及了解培训政策信息程度、获取培训政策信息渠道等是影响返乡农民工参与职业技能培训的主要因素。郑军（2013）基于对山东省 6 个市 453 位农民的调研数据，对农民参与创业培训意愿的影响因素进行了分析，实证检验结果表明，影响农民参与创业培训意愿的主要因素包括：年龄、对创业培训工程的认可度、对创业前景的担忧以及对参与创业培训的现实收益预期等。魏江等（2009）实地调研了甘南、甘孜两个藏族自治州的农民创业培训工作，对少数民族地区创业农民的素质特点、创业培训的现状及其存在的问题进行了深入分析，并在此基础上提出了构建农民创业培训体系的相关政策建议。汪元发等（2013）对农民创业培训教育需求问题进行了调查分析，得出必须要结合农民创业需求优化培训内容，设计培训模式，从而提升创业培训效果。邢安刚（2012）分析了新型农民创业培训中存在的问题，并提出相关对策。通过细致梳理前人研究成果，认为影响培训参与意愿的主要因素包括：

（1）农民工自身因素。

①文化素养。据国家统计局在 2015 年农民工监测调查报告中发布的数据显示，2015 年，农民工中未上过学的占 1.1%，小学文化程度占 14%，初中文化程度占 59.7%，高中文化程度占 16.9%，大专及以上占 8.3%，可以看出，初中及以下文化程度农民工占比高达 74.8%，农民工群体总体受教育程度不高，学历层次偏低，且大多年龄偏高，学习能力偏低，接受和理解新知识和新技术存在一定困难，培训挫折感较强，对于参与培训存在抵触心理

（刘奉越、孙培东，2009）。②培训认知。对于创业培训，返乡农民工群体更多关注的是现实利益，如培训后可能获取的优惠政策扶持，而对创业培训工作本身对自身创业的重要性认识不足（张文静，2010），普遍缺乏长远的眼光，不能结合自身情况合理分析认识自身创业发展过程中存在的缺陷和短板，并积极通过培训寻求指导和帮助。③培训成本。从农民工自身来看，返乡农民工参加培训需要承担学费、路费等直接成本，另外还存在由于接受技能培训而放弃就业机会的机会成本，这双重成本压力是造成返乡农民工创业培训意愿下降的原因（康和平等，2011）。因此，张军等（2009）指出让农民工自费接受培训存在一定难度。

（2）政策因素。

①信息不畅。政府未能及时有效地将相关培训信息和培训政策传递给农民工，造成了部分农民工不了解创业培训，不清楚国家的创业培训政策，不知道地方政府何时何地举办相关创业培训项目，以及有关创业培训的优惠扶持政策。②培训经费。经费问题是制约农民工参加创业培训的主要因素（赵丽华，2009；张文静，2010）。现阶段虽然政府对于农民工培训有专项补贴支持，但是较之于日益增长的培训需求，政府财政投入相对不足，这在一定程度上导致现有的培训资源远不能满足农民工培训的需要。另外囿于现行培训管理体制约束，政府部门间有关培训工作的职能存在交叉现象，培训经费使用效率不高，现有培训资源过于分散，造成了返乡农民工选择培训项目时无所适从。③培训机制。农民工的培训模式存在着很多弊端，严重影响了农民工参与创业培训的积极性。主要表现在：其一，培训内容单一。当前，农民工培训仅仅局限于短时间的技能培训。而内容也是重复居多，与农民工的需求和岗位需要往往存在较大差距。其二，培训没有实用性。大多数培训机构完全脱离农民工创业需求的实际情况，在培训过程中只重视学历教育而忽视了专业培训，对不同文化程度、素质、接受能力和需要的农民工也不能分类指导、分层次培训，造成培训效果的不理想（张文静，2010；康和平等，2011）。

综合前人研究成果可以发现，虽然诸多学者已对农民工培训问题给予了很大的关注，但仍有进一步研究的空间：第一，国内学者的一部分相关研究是针对农民群体创业培训参与意愿影响因素的研究，另一部分国内学者的研究则侧重于农民工参与职业技能培训的影响因素研究，而缺乏对于返乡农民工这一特殊群体创业培训尤其是创业培训意愿影响因素的深入考察。第二，现有研究对返乡农民工创业培训意愿的研究多基于宏观层面，且以定性分析为主；基于调研数据，从微观层面深入剖析返乡农民工创业培训意愿影响因素的研究尚不多见。本章在构建返乡农民工创业培训投入意愿影响因素计量经济模型的基础上，利用课题组在中西部地区三个劳动力大省的调查数据，采用二元 Probit 回归分析方法，细致分析各因素对于返乡农民工创业培训投入意愿的影响，厘清各主要因素对返乡农民工创业培训投入意愿影响的作用机理，从而为各级政府优化设计返乡农民工创业培训扶持政策，提升返乡农民工创业培训参与度提供决策参考。

4.2　调查样本说明及模型构建

4.2.1　数据来源

本研究所用数据来自课题组对安徽、江西和四川等中西部地区农民工所做的实地调查，课题组于 2013 年 7 月至 2014 年 6 月期间采用问卷和半结构化访谈的方式对中西部地区返乡农民工培训投入状况进行了调研。调查对象为具有农村户口，曾在外务工现已返乡的农民工。课题组根据研究方案确定了调研内容，设计了预调查问卷，并于 2013 年 7 月在安徽皖北地区开展了预调研工作，根据预调研中遇到的相关问题和结果反馈，结合研究实际需要修订完善了调研问卷。调研的内容包括返乡农民工个体特征（包括性别、年龄、文化程度、婚姻状况等）、家庭特征（家庭人口数、家庭年收入等）、返乡前就业状况、创业培训参与状况、对各项返乡创业培训政策的评价及返乡创业的情况等。调查区域包括安徽、江西和四川等中西部地区三个省份15个县（市），调研共发放问卷400份，回收调查问卷381份，经过整理，获取有效调查问卷353份，有效率为92.7%。

4.2.2 调查样本情况

调研受访农民工中，年龄在33岁以上的一代农民工67人，年龄小于等于33岁的二代农民工286人，有培训经历的124人，未参加过培训的229人，分别占样本总数的35.1%和64.9%。调查对象的基本情况见表4.1。

表4.1　　　　　　　　　　调查样本基本特征

项目	类别	比例（%）
性别	男	53.3
	女	46.7
年龄	>33	19
	≤33	81
婚姻状况	未婚	66.3
	已婚	32
	离婚	1.7
文化程度	小学及以下	2.0
	初中	30.3
	高中/中专/技校	53.3
	大专	10.5
	本科及以上	4.0

项目	类别	比例（%）
外出打工年限	1 年及以下	24.8
	2～5 年（含 5 年）	54.6
	5～10 年	13.8
	10 年及以上	6.8
外出打工月收入	1000 元及以下	6.8
	1000～3000 元	67.1
	3000～5000 元	21.8
	5000 元以上	4.3
是否有培训经历	是	35.1
	否	64.9

4.2.3　变量说明

基于国内相关研究的基础，根据安徽、江西和四川的实际情况，选取了20 个可能对返乡创业农民工培训投入产生影响的因素作为自变量，包括农民工的个体特征，外出打工情况，是否具有技能和培训经历，周围人的影响，以及政策方面的因素等等。因变量为有无意愿参加创业培训，有意愿为 1，无意愿为 0。根据样本情况将数据缺失比较严重的变量予以剔除，最后选择了 16 个自变量，具体的变量定义及统计性描述见表4.2。

表4.2　　　　　　　　　　变量设置及含义

变量名称		赋值说明
自变量	1. 个体特征	
	性别（X_1）	男性 ＝1，女性 ＝2
	年龄（X_2）	＞33 ＝1，≤33 ＝2

续表

变量名称		赋值说明
自变量	文化程度（X_3）	小学及以下 =1，初中 =2，高中/中专/技校 =3，大专 =4，本科及以上 =5
	婚姻状况（X_4）	未婚 =1，已婚 =2，离婚 =3
	是否具有技能（X_5）	无 =1，有 =2
	是否有培训经历（X_6）	无 =1，有 =2
	家人是否支持（X_7）	不清楚 =0，不支持 =1，支持 =2
	周围人参加情况（X_8）	没有人参加 =1，有一部分人参加 =2，有很多人参加 =3
	有无精力参加培训（X_9）	无 =1，有 =2
	2. 政策因素	
	有无参加限制（X_{10}）	不清楚 =0，无 =1，有 =2
	有无培训基础设施（X_{11}）	不清楚 =0，无 =1，有 =2
	培训项目符合需求情况（X_{12}）	没有需要的科目 =1，只有很少科目符合需要 =2，大部分科目符合需要 =3，基本满足需要 =4，不仅满足需要，还有适当补充 =5
	是否有补贴（X_{13}）	不清楚 =0，无 =1，有 =2
	是否有咨询（X_{14}）	无 =1，有 =2
	是否有"凭培训换优惠政策"（X_{15}）	不清楚 =0，无 =1，有 =2
	是否有跟踪服务（X_{16}）	无 =1，有 =2
因变量	有无意愿参加创业培训（Y）	无 =0，有 =1

4.2.4　模型构建

二元选择问题的实证研究可以运用 Probit 模型、Tobit 模型以及 Logistic 模型加以分析。综合借鉴前人相关研究，并结合本研究需要，在模型选择上，本文选用 Probit 模型对返乡农民工创业培训投入意愿进行计量分析。韦吉飞（2010）指出 Probit 模型是一种广义的线性回归模型，例如解释变量 Y 是一个 0，1 变量就是最简单的 Probit 模型，事件发生的概率取决于解释变量，即

$P(Y=1) = f(X)$，换句话说 $Y=1$ 的概率是关于 X 的一个函数，并且该函数是服从正态分布的。Probit 模型是概率非线性模型，模型的具体形式如下：

$$Y_i = \beta_0 + \sum_{k=1}^{k} \beta_k X_{ki} + \mu_i \qquad (4.1)$$

Y 是一个不可观测的潜变量，作为被解释变量且有

$$Y = \begin{cases} 0 & \text{当农民工没有意愿参加创业培训} \\ 1 & \text{当农民工有意愿参加创业培训} \end{cases}$$

其中 i 表示每个被调查者，X_{ki} 表示 1 到 k 个自变量，用来表示返乡农民工参加创业培训的意愿，β_k 表示估计参数，μ_i 是随机扰动项，且服从正态分布。

若将式（4.1）转换为线性模型，则有

$$Y_i = F^{-1}(P_i) = \beta_0 + \beta_1 X_1 + \cdots + \beta_i X_i + \mu_i \qquad (4.2)$$

模型设定好之后，用极大似然估计法对参数 β 进行估计。因为 Probit 模型是非线性回归模型，所以回归模型的系数并不像线性模型那样用来表示对因变量的解释程度，只能从符号上判断解释变量增加引起的因变量出现某种结果概率的增减。若 β 为正，说明解释变量的增加会引起因变量出现某种结果的概率增加；若 β 为负，则情况相反。

根据上文对返乡创业农民工培训投入意愿影响因素和 Probit 模型的分析，将各个影响因素全面考虑进来可建立如下模型：

$$Y = F(X_1 + X_2 + \cdots + X_{15} + X_{16}) + \mu \qquad (4.3)$$

再根据式（4.2）和式（4.3），得到返乡创业农民工培训投入意愿影响因素的 Probit 模型：

$$\text{Prob}\left(\frac{P_i}{1-P_i}\right) = \beta_0 + \beta_1 X_1 + \cdots + \beta_{16} X_{16} \qquad (4.4)$$

其中 P_i 为返乡创业农民工愿意参加培训的概率，本研究采用 Stata 统计软件对模型进行估计，实证分析结果见表4.3。

表 4.3　　　　　　　　　　**Probit 模型估计结果**

解释变量	被解释变量 Y（不愿意参加培训为 0，愿意为 1）		
	估计系数	Z 统计量	显著性水平
X_1 性别	-0.7964	-4.1900	0.0000 ***
X_2 年龄	0.0870	3.8400	0.0000 ***
X_3 文化程度	0.2884	2.3400	0.0190 **
X_4 婚姻状况	-1.0896	-3.6000	0.0000 ***
X_5 是否具有技能	0.2345	1.1900	0.2330
X_6 是否有培训经历	-0.4514	-2.2700	0.0230 **
X_7 家人是否支持	0.4115	3.6000	0.0000 ***
X_8 周围人参加情况	0.2303	1.2200	0.2220
X_9 有无精力参加培训	0.5347	3.0100	0.0030 ***
X_{10} 有无参加限制	0.3357	2.2700	0.0230 **
X_{11} 有无培训基础设施	0.1427	-1.2100	0.2260
X_{12} 培训项目符合需求情况	0.0877	1.0100	0.3120
X_{13} 是否有补贴	0.0556	-0.4600	0.6470
X_{14} 是否有咨询	0.0066	-0.0200	0.9820
X_{15} 是否有"凭培训换优惠政策"	0.0424	-0.3500	0.7260
X_{16} 是否有跟踪服务	0.4853	2.6300	0.0090 ***
Log likelihood	-130.3456		

注：*** 和 ** 分别表示变量在 1% 和 5% 的统计水平上显著。

4.3　实证结果分析

根据表 4.3 中估计系数和显著性水平可以看出，农民工自身因素中性别、年龄、文化程度、婚姻状况、是否有培训经历、家人是否支持和有无精力参加培训这些因素对返乡创业农民工参加培训意愿有显著影响。而政策因素中的有无参加限制和是否有跟踪服务对返乡创业农民工是否愿意参加培训影响显著。

（1）性别对返乡农民工创业培训投入意愿存在影响。"性别"的估计系数在1%的水平上通过显著性检验，并且符号为负。这说明对于返乡创业农民工群体中的女性来说，更倾向于参加培训。可能是因为相比较男性来说，女性更加谨慎，创业本身就不是一件容易的事，女性可能倾向于通过接受培训提升创业素质和能力。

（2）年龄是影响返乡创业农民工培训参与意愿的一个重要因素。从模型的统计结果来看，"年龄"的估计系数在1%的水平上显著，且符号为正。说明年龄对返乡创业农民工参加培训产生正的影响，即随着年龄的增长，农民工较之前更加愿意参加培训。因为年长的农民工往往思想成熟，行为稳重，而创业过程中风险较大，年龄略长的农民工认为参加培训会提升创业的成功率，所以更倾向于参加培训。

（3）文化程度是影响返乡农民工创业培训参与意愿的重要因素之一。从模型分析结果来看，"文化程度"的估计系数在5%的水平上通过显著性检验。说明文化程度对返乡创业农民工是否愿意参加培训有重要影响，而且估计系数符号为正，说明随着文化程度的提高，农民工自身越能意识到知识的重要性，越愿意参与创业培训。

（4）婚姻状况对返乡农民工是否愿意参与创业培训有重要影响。结果显示，"婚姻状况"的估计系数在1%的显著水平下顺利通过检验，且符号为负。说明未婚农民工比已婚农民工更倾向于参与创业培训。因为已婚农民工受家庭等因素影响，缺乏时间参与培训，相比较而言，未婚农民工时间比较宽裕，因此更倾向于参加培训。

（5）是否具有培训经历也是返乡创业农民工是否愿意参加培训的重要因素。从模型结果来看，"是否具有培训经历"的估计系数在5%的显著性水平上通过检验，对返乡农民工是否愿意参加创业培训有显著影响，但符号为负。可能因为目前我国的就业培训体系还有很多弊端，存在许多跟社会脱节的地方，有些人可能参加过一些不正规或者不系统的培训，对培训有些偏见，从而影响了参加培训的意愿。

（6）家人是否支持是影响返乡创业农民工是否愿意参加培训的十分重要的因素。结果表明，"家人是否支持"的估计系数在1%显著水平上通过检验，且符号为正。说明家人对返乡创业农民工参与培训支持与否是影响参与培训意愿的决定性因素之一。相比较而言，家人的支持除了精神上的还有物质上的，参与培训需要一定的投入，因此获得家人支持的农民工参与创业培训的意愿更为强烈。

（7）是否有精力参加培训也是影响返乡创业农民工培训参与意愿的决定性因素之一。从结果上看，"是否有精力参加培训"的估计系数在1%的显著性水平上通过检验，且符号为正，说明精力对于农民工是否愿意参加培训十分重要。因为大多农民工利用业余时间参与培训，受制于现有工作及家庭因素等影响，农民工普遍在参与培训上缺乏精力和时间，相对来说有更多时间和精力的农民工参与培训的意愿相对更加强烈。

（8）有无参加限制对返乡农民工是否愿意参加创业培训有显著影响。模型结果显示，"有无参加限制"的估计系数在5%的水平上通过显著性检验，且符号为正，说明参加培训是否有限制严重影响农民工参加创业培训的积极性。相比较而言，参与培训无任何限制条件会使得培训面向更广大的农民工群体，能够提高农民工参加创业培训的积极性。

（9）是否有跟踪服务是影响返乡创业农民工培训参与意愿的重要因素。从结果来看，"是否有跟踪服务"的估计系数在1%的水平上顺利通过显著性检验，且符号为正，说明培训后续的工作对农民工是否愿意参加培训至关重要。跟踪服务一般是指在培训结束持续对参加过培训的农民工进行后续跟踪和辅导，监测培训效果。创业培训跟踪服务能够在很大程度上给予返乡农民工后续创业活动以支持，从而提升农民工参加创业培训的积极性。

（10）从模型分析结果上看，是否具有技能、周围人参加情况、有无培训基础设施、培训项目符合需求情况、是否有补贴、是否有咨询和是否有"凭培训换优惠政策"7个变量对返乡创业农民工培训参与意愿影响不显著。

但这些变量的估计系数均为正，说明这 7 个变量对农民工是否参加创业培训均有正向的影响。从农民工自身的因素来看，若已具备一定技能，其参与培训的意愿更为强烈，以增加自身创业能力。而周围人参与培训的积极性较高，则会对返乡农民工产生示范效应，带动其创业培训。从政策因素来看，如果培训基础设施完备，培训项目符合要求，这在某种程度上说明培训较为系统规范，更具实用性，能显著吸引农民工的积极参加；培训前的咨询服务能够让农民工深入了解创业培训相关情况，明白培训的作用和意义，这在很大程度上能够提高农民工创业培训参与意愿；如果对于参加培训的农民工给予一定的补贴或者推出"凭培训换优惠政策"能够减轻农民工参加培训的经济负担，提升返乡农民工培训参与意愿。

4.4 简要结论及启示

本章利用中西部地区三个人口输出大省——安徽、江西和四川的 353 份调查问卷数据，运用二元 Probit 模型对影响农民工返乡创业培训投入意愿的因素进行了实证分析。研究表明，性别、年龄、文化程度、婚姻状况、是否具有培训经历、家人是否支持、是否有精力参加培训、有无参加限制和是否有跟踪服务对返乡农民工创业培训投入意愿有显著影响。而是否具有技能、周围人参加情况、有无培训基础设施、培训项目符合需求情况、是否有补贴、是否有咨询和是否有"凭培训换优惠政策"对返乡农民工创业培训投入意愿的影响不显著，但基本都存在正的影响。可见，对返乡农民工创业培训投入意愿的影响因素诸多，而且并不是每个返乡创业的农民工都有意愿参加培训，它与返乡创业农民工的个人状况，周围人的影响，以及政府政策都相关。从实证分析的结果能够看出，女性、年龄偏长、文化程度较高以及未婚的农民工更倾向于参加创业培训，能够获得家人、朋友支持，以及受到政策鼓励的农民工参加培训意愿也是比较强烈的。而政府的某些创业培训扶持政策虽然未对返乡农民工创业培训投入意愿产生显著影响，但影响却是正向的，这就要求政府加大对农民工培训的投入，尽早地建立健全的培训体系，提高创业培训政策针对性，完善培训设施，使得培训对于创业就业发挥实际作用，从而进一步提高返乡创业农民工参与培训意愿。

各级政府在积极推进中央关于解决返乡农民工就业问题的政策的过程中，不仅要在土地使用、工商登记、资金等方面给予优惠，而且也应当对返乡农民工状况进行梳理，有针对性地进行引导。特别是对具有经营头脑且具有创业意愿的返乡农民工加强创业培训，从而带领当地农民共同致富，进一步推动新农村建设。为推进返乡农民工创业培训工作，应积极关注以下问题：

（1）营造良好的社会环境。通过典型示范、广泛宣传等形式为返乡农民工营造一种良好的社会氛围，逐渐让返乡农民工从思想上意识到创业培训对自己创业活动的必要性和重要性。

（2）整合创业培训资源。各级政府应当积极主动地采取措施，将分布在县城和农村的各类教育资源进行整合，建立完整的农民工创业培训体系。不仅可以在县（市、区）职业学校开设培训网点，还可以依托有条件的农村技术学校、普通中学等场所进行教学，以方便返乡农民工参加创业培训。与此同时，可以公开招标，逐步建立一批专门的农民工教育培训基地，进行重点扶持，让这些机构成为培训的主力军，充分发挥示范带动效应，同其他教育机构一起对农民工开展更加有效和全面的创业培训。

（3）加大培训经费投入。培训经费是阻碍返乡农民工创业培训工作开展的重要原因。这就要求政府加大培训资金投入和财政补贴力度，同时为返乡农民工创业提供优惠使用资源的政策。对于返乡创业，特别是为解决当地就业、"留守儿童"等问题做出重大贡献的经济实体和企业，政府要在用地、用水、用电等问题上给予一定政策支持。

5 返乡农民工对创业培训扶持政策的满意度及影响因素分析

返乡农民工创业符合新农村建设目标，有助于缓解城市就业压力，有助于缩小城乡差距（温敏，2014）。近年来，返乡农民工创业问题已成为我国学者研究的热点。张秀娥等（2010）引用 GEM 修正模型，通过构建返乡农民工创业活动模型，将影响返乡农民工创业活动的因素概括为外部环境特征因素、返乡农民工个体特征因素及其外出打工经历因素三个方面。陈文超等（2014）从政策制定角度出发，研究政府扶持政策和农民工返乡创业间的关系，发现优惠政策和社会扶助对农民工的刺激并非呈线性变化，创业扶持政策的影响存在阈值，政策扶持力度到一定程度时才会对返乡农民工创业行为产生刺激作用。创业环境和农民创业者的特质也会对农民创业行为产生不同程度的影响（吴小立、于伟，2016），返乡农民工本身也是农民，返乡农民工的创业活动同农民的创业活动存在很多共性。但是，创业并不是一蹴而就的事情，创业过程中往往会碰到诸多困难，相关调查研究表明，在实际创业过程中，由于受到外部环境、自身素质等约束，农民工在返乡创业过程中面临着诸多困难，其中由于大多数返乡农民工自身素质欠缺，缺乏成功创业所必需的生产技术能力、经营管理知识和经验等，这在很大程度上影响和制约了其成功创业。

西方学者对返乡农民工这一中国特殊群体的创业研究尚未涉及，一般都是从农民创业这一角度出发。达布森认为农民创业有利于振兴乡村经济，强调创业是解决低收入社区和落后区域的根本途径（Dabson，2001）。农民创业促进农村经济的转型升级，为当地提供更多的就业机会（Fortunato，2014）。亨克则进一步缩小和深化视角，得出决定农民创业的关键因素包括：创业者年龄、教育程度、婚姻状况、孩子数量、社会地位等（Henk，2010），而农民创业过程中面临的障碍包括创业态度、创业文化和信息获取能力等条件限制（Salleh & Sidek，2011）。

根据对前人相关文献的细致梳理发现，在现有研究中，对返乡农民工创业培训政策及其满意度影响因素的研究鲜有涉及。本章利用中西部地区 353 个返乡农民工调查数据，通过因子分析法并构建二元 Logistic 模型就返乡农民工对创业培训扶持政策的满意度及其影响因素进行了实证分析，以便为政府优化设计返乡农民工创业培训政策提供参考。

5.1 研 究 假 说

借鉴前人相关研究成果和实地调研结果，本研究将影响返乡农民工对创业培训扶持政策满意度的因素分为返乡农民工个体特征因素、家庭因素、政策因素以及人力资本因素等。

5.1.1 返乡农民工个体特征因素

何种特质对于农民创业意愿和行为的影响最大尚无定论，但个体特质肯定会影响其创业行为（袁明达、朱敏，2015）。朱红根等（2011）通过实证分析农民工返乡创业政策满意度的影响因素，发现年龄、性别、婚姻状况、文化程度等变量都会影响创业政策满意度。从性别上来讲，男性比女性更容易选择自主创业，年龄和受教育程度对农民工创业行动的影响是非线性的（陈文超等，2014）。陈昭玖等（2011）研究发现影响农民工返乡创业的重要因素是其年龄、受教育年限以及职业技能禀赋状况，通过加强职业技能培训的方式能够使得农民工更易从政府获取创业的政策支持。通过实地调研发现，青年受访者对创业培训政策的期望和要求往往高于中年农民工，创业培训政策往往很难满足他们的需求。而中年受访者阅历丰富，对政策的理解程度更深入，创业培训政策更容易满足他们的需求。

基于上述分析，我们提出假说1：返乡农民工的年龄、性别、婚姻状况和文化程度等个体特征对创业培训政策满意度有显著影响。

5.1.2　家庭特征因素

家庭特征对农民工创业行为有重要影响，其中家庭人口数和家庭人均收入对创业政策满意度有正向影响（朱红根，2011）。返乡农民工的家庭人口数越多，其拥有的社会资本可能越丰裕，能够利用的社会支持网络就越强大，在政策支持获取能力上也就越强，可能受益越多，从而政策满意度就会较高。家庭人均年收入越高的返乡农民工，创业保障越强，对创业培训政策评价也会越高。

基于此，我们提出假说2：家庭人口数和家庭人均年收入等家庭因素对创业培训政策满意度有正向影响。

5.1.3　政策因素

朱红根等（2011）通过对江西省返乡农民工的调研得出，创业培训政策供给是提升返乡农民工对创业扶持政策满意度的有效途径。本课题组通过实地调研发现，当前各地政府在创业培训扶持政策的供给上主要涉及：创业培训配套基础设施、创业培训补贴、创业培训咨询、培训跟踪服务、后续创业优惠政策等，返乡农民工对创业培训扶持政策的满意度在很大程度上受上述各项政策供给的影响，返乡农民工对各项创业培训政策供给评价越高，则对创业培训扶持政策总体满意度越高，创业培训政策供给的有效性以及政策供给质量高低都会对返乡农民工创业培训政策总体满意度的评价结果产生影响。

综上，我们提出假说3：返乡农民工对创业培训扶持政策供给状况（创业培训配套基础设施、创业培训补贴、创业培训咨询、培训跟踪服务、后续创业优惠政策等）的评价对总体创业培训扶持政策满意度有显著的正向影响。

5.1.4　人力资本因素

人力资本包括返乡农民工自身掌握的技能和以往培训经历。相应研究表明，人力资本对农民创业起到正向推动作用（韦吉飞，2008）。墨媛媛、王振华（2012）认为，农民工外出务工次数、技术掌握程度和技术来源等因素对其创业行为影响较大。创业技能与返乡农民工对自身创业能力的评价有显著的正相关性（刘苓玲，2012），拥有技能的返乡农民工相对于没有一技之长的返乡农民工来说创业前景更好，所以其创业意愿较高，对创业培训政策需求较大，因而较之于技能相对缺乏的返乡农民工来说，拥有一技之长的返乡农民工对创业培训政策的满意度较高。有培训经历的返乡农民工对创业培训政策的理解会更加深入，对创业培训政策的评价相对于没有培训经历的返乡农民工更高。

基于此，我们提出假说4：包含技能和以往培训经历的人力资本因素对返乡农民工创业培训政策满意度有正向影响。

5.2　数据来源与模型构建

5.2.1　数据来源

本研究所用数据来自课题组于2013年7月至2014年6月期间对安徽、江西和四川等中西部地区农民工所做的调查，调查采用问卷和半结构化访谈的方式进行，调研的内容包括返乡农民工个体特征（包括性别、年龄、文化程度、婚姻状况等）、家庭特征（家庭人口数、家庭年收入等）、返乡前就业状况、创业培训参与状况、对各项返乡创业培训政策的评价及返乡创业的情况等。调查问卷的形成过程为：课题组根据研究方案确定了调研内容，设计了预调查问卷，并于 2013 年 7 月在安徽皖北地区开展了预调研工作，根据预调研中遇到的相关问题和结果反馈，结合研究实际需要修订完善了调研问卷。调查区域包括安徽、江西和四川等中西部地区三个省份 15 个县（市），发放调查问卷 400 份，回收调查问卷 381 份，经过整理，获取有效调查问卷 353 份，有效率为 92.7%。

5.2.2　模型选择

本章首先运用因子分析方法就返乡农民工对创业培训扶持政策的满意度进行测度，接着通过构建二元 Logistic 模型分析影响返乡农民工创业培训政策满意度的关键因素。由于调研问卷中对于创业培训政策满意度设置了"非常满意""比较满意""一般""不太满意"和"很不满意"五个选项，根据二元 Logistic 模型分析需要，本研究将被解释变量"创业培训政策总体满意度"转换为二分变量，其中将"一般""不太满意"和"很不满意"赋值为 0，表示对创业培训扶持政策不满意；"非常满意"和"比较满意"赋值为 1，表示对创业培训扶持政策满意。则有

$$\text{Logit}(p_i) = \ln\left(\frac{p_i}{1-p_i}\right) = \beta_0 + \sum_{i=1}^{n}\beta_i Z_i + \varepsilon \tag{5.1}$$

其中，p_i 表示返乡农民工对创业培训扶持政策满意的概率，也就是被解释变量等于 1 的概率。$1-p_i$ 则表示返乡农民工对创业培训扶持政策不满意的概率，也就是被解释变量等于 0 的概率。β_0 为常量，Z_i 表示影响返乡农民工创业培训扶持政策总体满意度的第 i 个因素，β_i 是第 i 个影响因素的回归系数。

5.2.3　变量选取

根据前人研究结果并结合问卷调查的实际情况，选取创业培训配套基础

设施满意度、创业培训补贴满意度、创业培训咨询情况满意度、创业培训跟踪服务满意度、创业培训合格后提供优惠满意度、个体特征和家庭特征等13个指标作为解释变量（如表5.1所示）。

表5.1　　　　　　　　　　　　变量说明及赋值

	变量名称	变量赋值	均值
被解释变量	总体政策满意度	不满意 = 0；满意 = 1	0.27
解释变量	创业培训配套基础设施满意度	很不满意 = 1；不太满意 = 2；一般满意 = 3；比较满意 = 4；很满意 = 5	3.01
	创业培训补贴满意度	很不满意 = 1；不太满意 = 2；一般满意 = 3；比较满意 = 4；很满意 = 5	2.90
	创业培训咨询情况满意度	很不满意 = 1；不太满意 = 2；一般满意 = 3；比较满意 = 4；很满意 = 5	2.12
	创业培训跟踪服务满意度	很不满意 = 1；不太满意 = 2；一般满意 = 3；比较满意 = 4；很满意 = 5	2.58
	创业培训合格后提供优惠满意度	很不满意 = 1；不太满意 = 2；一般满意 = 3；比较满意 = 4；很满意 = 5	2.90
	性别	男 = 1；女 = 2	1.47
	年龄	20 岁以下 = 1；20～30 岁 = 2；30～40 岁 = 3；40～50 岁 = 4；50 岁及以上 = 5	1.98
	文化程度	小学及以下 = 1；初中 = 2；高中/技校/中专 = 3；大专 = 4；本科及以上 = 5	2.84
	婚姻状况	未婚 = 1；已婚 = 2	1.33
	家庭人数	1 人 = 1；2 人 = 2；3 人 = 3；4 人 = 4；5 人及以上 = 5	4.19
	家庭人均年收入	25000 元以下 = 1；25000～50000 元 = 2；50000～75000 元 = 3；75000～100000 元 = 4；100000 元及以上 = 5	2.78
	是否有技能	否 = 1；是 = 2	1.61
	是否有培训经历	否 = 1；是 = 2	1.35

5.3 实证结果分析

因子分析方法是一种将原有众多的变量通过抽取共同因素归结为少数几个变量的多元统计方法，这种方法体现了降维的思想，且能够最大限度地保留原有变量的信息。根据前人相关研究以及课题组调研结果发现，影响返乡农民工创业培训扶持政策满意度的因素较多，为了客观测度不同的因素对返乡农民工创业培训扶持政策满意度的影响程度，同时避免孤立分析单个指标的片面性问题，本章选取因子分析方法对返乡农民工创业培训扶持政策满意度进行诠释，并在此基础上利用二元 Logistic 回归模型对影响返乡农民工创业培训政策满意度的主要因素进行实证分析。

5.3.1 可行性检验

考虑到本研究通过调研获取的各变量数据量纲和单位存在差异，为了避免由于数据测度单位导致的分析误差，为了保证分析结论的客观性和准确性，本研究首先对于样本数据进行标准化处理，并在此基础上对变量进行 KMO 和 Bartlett 因子分析可行性检验，以判断变量是否适合进行因子分析。检验结果见表 5.2，由表 5.2 可知，本研究 KMO 检验值为 0.719，大于 0.5，Bartlett 球形检验的卡方统计值等于 1072.254，且 p 值为 0.000 < 0.01，说明调研数据适合开展因子分析。

表 5.2 　　　　　　KMO 和 Bartlett 检验

取样足够度的 Kaiser – Meyer – Olkin 度量		0.719
Bartlett 的球形度检验	近似卡方	1072.254
	df	78
	Sig.	0.000

5.3.2 因子分析

运用 SPSS 20.0 软件对 13 个解释变量利用主成分分析方法进行因子分析，并按照特征值大于 1 的选取规则确定公共因子，由表 5.3 可知，前五个因子的特征值大于 1，且累积方差贡献率达到 65.585%，说明这五个因子蕴含了 13 个原有变量 65.585% 的信息，所以本研究提取这五个因子为公共因子。

表 5.3　　　　　　　　　　前五项因子的累积方差贡献率

合计	方差（%）	累积方差（%）
3.232	24.861	24.861
1.821	14.004	38.866
1.337	10.281	49.147
1.135	8.727	57.874
1.002	7.711	65.585

由于初始公共因子含义不明确，为了结合现实问题利用公共因子加以分析，本研究运用最大方差法对因子载荷矩阵进行旋转，得到旋转后的因子载荷矩阵，并根据因子载荷量对提取的因子进行命名。根据表 5.4 可以看出，在主成分 1 中，反映创业培训配套基础设施满意度、创业培训咨询满意度、创业培训补贴满意度、培训跟踪服务满意度和创业培训合格后提供优惠满意度五个指标有绝对值较大的载荷，这些指标是反映返乡农民工对各项创业培训政策的评价，故称主成分 1 为政策评价。主成分 2 载荷值较大的是年龄和婚姻状况，主成分 4 负荷系数绝对值较大的是性别和文化程度，这两个成分包含的四个指标均属于返乡农民工的个体特征，分别将这两个成分命名为内在个体特征和外在个体特征。主成分 3 在技能和培训经历上的因子载荷值较

大，可命名为人力资本。主成分 5 负荷系数在家庭人口数和家庭年收入指标
上的载荷更高，因此可命名为家庭特征。

表 5.4 前五项因子的因子旋转载荷矩阵

公因子名称	指标	成分 1	成分 2	成分 3	成分 4	成分 5
政策评价	创业培训配套基础设施满意度	0.807				
	创业培训补贴满意度	0.726				
	创业培训咨询情况满意度	0.605				
	创业培训跟踪服务满意度	0.742				
	创业培训合格后提供优惠满意度	0.79				
内在个体特征	年龄		0.86			
	婚姻状况		0.865			
人力资本	技能			0.689		
	培训经历			0.85		
外在个体特征	性别				0.669	
	文化程度				0.747	
家庭特征	家庭人口数					0.674
	家庭年收入					0.907

在提取并确定公共因子之后，根据因子分析理论，本研究利用回归法测
算各公共因子 F_i（$i = 1, 2, \cdots, 5$）的得分系数，并通过每个因子方差贡献率
占总方差贡献比重作为权重，得到的综合因子得分函数如下：

$$F = 0.379F_1 + 0.214F_2 + 0.157F_3 + 0.133F_4 + 0.118F_5 \qquad (5.2)$$

由式（5.2）可以得出，返乡农民工对创业培训政策综合满意度可以由
"政策评价""内在个体特征""人力资本""外在个体特征"和"家庭特征"
五个公共因子加以评价。

5.3.3　二元 Logistic 模型回归分析

利用 SPSS 20.0 软件进行二元 Logistic 模型回归分析，考察各公共因子对返乡农民工创业培训扶持政策满意度的影响，回归结果如表 5.5 所示。通过比较 Wald 值可以发现，对返乡农民工创业培训扶持政策满意度影响较大的因素依次是政策评价、内在个体特征、外在个体特征、人力资本和家庭特征。

表 5.5　　　　　　　　　　　　　　Logistic 回归结果

	B	S. E.	Wald	df	Sig.	Exp（B）
F_1	6.435	1.038	38.422	1	0.000	623.403
F_2	0.520	0.415	1.568	1	0.210	1.683
F_3	0.579	0.711	0.664	1	0.415	1.784
F_4	−0.426	0.490	0.754	1	0.385	0.653
F_5	0.108	0.270	0.161	1	0.689	1.114
常量	−28.930	5.007	33.380	1	0.000	0.000

注：模型的 Hosmer 和 Lemeshow 拟合优度检验卡方值为 2.987，相伴概率为 0.935。

政策评价（F_1）对返乡农民工创业培训政策满意度的影响最大，在所有因子中具有最高的统计显著性。政策评价这一因子在模型中通过显著性检验且其系数为正，这在一定程度上说明返乡农民工对创业培训相关政策供给的评价越高，其对于创业培训扶持政策的总体满意度也就越高。这一结论也与假说 3 相一致。

内在个体特征（F_2）也是影响返乡农民工创业培训政策满意度的重要因素。内在个体特征在模型中系数为正，表明年龄和婚姻状况对返乡农民工创业培训政策的满意度有正向影响，与假说 1 相一致。

外在个体特征（F_4）即性别和文化程度对返乡农民工创业培训政策满

意度有影响，其在模型中系数为负。原因有：较之于男性，有创业意愿和需求的女性对于创业培训的期望及要求较高，另外现阶段面向返乡农民工的创业培训项目缺乏专门针对女性返乡创业人员的培训内容，女性返乡创业人员培训服务体系尚不完善，这在很大程度上影响了女性返乡创业人员对于创业培训扶持政策的满意度。而对于受教育程度较高的农民工而言，其可能参与非创业经济活动的可能性越大（陈文超等，2014），从而对创业培训没有需求。

人力资本（F_3）主要反映返乡农民工的技能和以往培训经历，也对创业培训政策满意度具有一定影响，实证结果与假说4一致。技能和经历都属于主观因素，它们对政策满意度影响程度和方向因人因政策而异。总体来说，拥有技能的返乡农民工对创业培训政策需求较高，在创业培训过程中对于培训内容接受程度较强，对创业培训政策满意度评价也就更高。对于有创业培训经历的返乡农民工来说，他们对于各个创业培训政策会更加熟悉也更易接受，因此创业政策满意度也会相对较高。

家庭特征（F_5）对返乡农民工创业培训政策满意度的影响不显著，但从回归系数可以看出，家庭特征即家庭人口数和家庭年收入对创业培训政策满意度有正向影响，家庭人口数越多和家庭年收入越多的返乡农民工对创业培训政策满意度越高，与假说2一致。

5.4 简要结论及启示

本章利用中西部地区353个返乡农民工调查数据，通过因子分析法并构建二元 Logistic 模型就返乡农民工对创业培训扶持政策的满意度及其影响因素进行了实证分析，主要得出以下结论：①返乡农民工创业培训政策综合满意度主要受政策评价、内在个体特征、外在个体特征、人力资本和家庭特征五个因子的影响，五个指标的重要性存在递减次序。②对返乡农民工创业培训政策满意度存在正向影响的因素包括政策评价、内在个体特征、人力资本和家庭特征，而外在特征对返乡农民工创业培训政策满意度有负向影响。对于包括创业培训配套基础设施、创业培训咨询、创业培训补贴、培训跟踪服务和创业培训合格后提供优惠的具体政策供给力度越大，返乡农民工创业培训政策总体满意度越高。年龄和婚姻状况对返乡农民工创业培训政策满意度有正向影响。相对于女性，男性返乡农民工的创业培训政策满意度更高。包含技能和培训经历的人力资本因素与返乡农民工创业培训政策满意度正相关。

基于上述研究结论，本书提出以下政策建议：

（1）通过创业培训宣传营造创业氛围，充分调动返乡农民工创业的积极性和主动性，利用身边创业典型事例提升返乡农民工的创业意识，通过创业成功者分享创业经历激发返乡农民工创业热情。政府应积极组织针对返乡农民工的创业宣传培训项目，积极宣传政府鼓励返乡农民工创业的相关优惠政策，打消返乡农民工创业顾虑，让返乡农民工在创业之初能够了解相关政策，熟悉创业流程，获取创业信息，累积创业经验，提升创业能力，从而避免盲目创业，通过培训项目在全社会营造全民创业的良好氛围，培育返乡农民工创业精神，形成对于创业活动的价值认同。

（2）各级政府应不断增加财政资金投入。创业培训工作是一项惠及大众的民生工程，是政府提供的具有公共品属性的就业服务政策，其具有一定公益性质。随着返乡农民工创业热情不断高涨，对于培训的需求日益凸显，必须加大资金投入才能保证返乡农民工创业培训工作的有效开展。另外研究发现返乡农民工对于政府创业培训扶持政策的满意度受创业培训配套基础设施、创业咨询情况等具体政策供给强度的影响，这需要政府加大资金投入，同时积极引导培训机构和社会组织共同参与，改善培训条件，优化培训设施和办学条件，提供优惠薪资待遇，大力引进高水平师资，充分调动培训教师培训的积极性，保证创业培训质量的提升。

（3）完善返乡农民工创业培训扶持政策，激发返乡农民工创业热情，保障创业成效，系统研究和制订有利于促进农民工返乡创业的优惠政策措施。完善返乡农民工创业培训跟踪服务平台，打造跟踪服务团队，提升跟踪服务水平，保证跟踪服务高效有力，有针对性地解决返乡农民工在创业中遇到的实际问题。同时应积极构建返乡农民工创业培训信息反馈机制，跟踪了解返乡农民工创业全过程，为返乡农民工创业提供有针对性的辅导和扶持。

6 返乡农民工创业培训绩效的评估及影响因素分析

近年来，中国政府越来越重视农民工返乡创业问题。农民工返乡创业能够创造新的就业机会、促进经济增长，也能够以创业带动就业，有效解决农民工的失业问题，国内外学者对返乡农民工创业问题也展开了大量研究。例如瑟蒙利用实证研究，以成熟企业为研究对象，论证了创业者的资源整合能力是创业绩效的重要影响因素（Sirmon，2007），影响创业绩效的重要因素是创业资源与创业网络（Premaratne，2002）；林斐（2002）通过对安徽省百名返乡农民工返乡创办企业所开展的问卷调查发现，政府扶持是影响农民工返乡创业效果的重要因素；刘光明、宋洪远（2002）认为促使农民工返乡创业的原因主要是创业条件的改善、政府的重视、务工收入的下降及风险的增加；易朝辉（2010）提出企业家对创业资源整合配置能力、拥有的创业资源整合能力以及创业导向能够显著提高创业绩效；朱红根、解春艳（2012）基于江西省农民工返乡创业企业的调查数据，运用结构方程模型得出社会资本、服务环境和企业家能力直接影响农民工返乡创业企业绩效。综上可知，国内外现有研究成果中关于返乡农民工创业培训绩效影响因素的分析鲜有涉及。本章利用实际调研数据，结合相关理论，首先运用结构方程模型对返乡农民工创业绩效的影响因素进行分析，并在上述分析的基础上利用层次分析法对创业培训绩效进行评价，通过构建返乡农民工创业培训绩效评价指标体系考察影响创业培训绩效的关键因素，最后根据研究结论提出相应的政策建议。

6.1 返乡农民工创业绩效影响因素分析

本章利用安徽省、江西省以及四川省农民工返乡创业企业调查问卷数据来分析返乡农民工创业绩效的影响因素。首先，通过相关文献分析返乡农民工创业绩效的影响因素，并提出相应的研究假说，结合研究假说，运用结构方程模型（SEM）研究返乡农民工创业绩效的影响因素。

6.1.1 研究假说

查阅前人研究成果发现，有较多文献是关于企业绩效影响因素的，通过综合对比并结合调查问卷所获得的数据，本研究类比企业绩效提出影响返乡农民工创业绩效的四个影响因素，主要包括政府投入、创业资源与环境、企业家能力以及创业培训。

（1）政府投入。政府的投入力度直接反映了政府对返乡农民工创业的支持程度，农民工通过政府的各种投入获得更有利的创业环境、更有针对性的创业扶持，从而影响创业绩效。马海刚、耿晔强（2008）利用中部地区乡镇企业调研数据，发现政府行为对企业绩效有显著影响。朱红根等（2011）认为，影响返乡农民工创业行为的重要因素包括创业技能培训等政策支持。政府应在宏观层面加强扶持投入力度，将创业培训等扶持政策落实到实处。基于上述论据，本研究提出假说 1：政府投入力度正向影响返乡农民工创业绩效。

（2）创业资源与环境。企业所拥有的独特资源决定企业创业绩效，这种独特的资源有利于企业提高创业绩效（Collis & Montgomery，2005）。朱红根等（2012）通过对江西省农民工返乡创业情况进行实地调研，结合数据分析得出经营资源与创业环境对农民工返乡创业企业绩效有正向影响。创造适宜的创业培训环境、提供相应的创业培训资源，有利于返乡农民工积极参与创业培训，对于提高创业绩效意义重大。因此，本研究提出假说 2：创业资源与环境正向影响返乡农民工创业绩效。

（3）企业家特质。本研究中指的是返乡农民工所具备的特质，例如创业能力等。程承坪、谢科范（2001）认为企业家能力是影响创业绩效的重要因素。欧雪银（2010）提出优秀的企业家具有一定的学习能力、风险识别能力，这些能力有助于提高企业绩效。朱红根等（2012）通过调查发现，企业家能力是提高创业绩效的关键因素。企业家能力也包括文化程度、知识接受能力等，具备此优势的农民工更易接受创业培训，有效促进创业绩效。因此，本研究提出假说3：企业家特质正向影响返乡农民工创业绩效。

（4）创业培训。参与创业培训与否以及创业培训的成果，影响着企业的绩效，也在一定程度上推动了企业的发展。由于农民工群体的特殊性，文化程度的缺失以及专业素养的缺乏，使得农民工在返乡创业的过程中面临更多的风险和挑战。系统的创业培训，有助于农民工把握市场规律和创业环境，科学地进行创业。因此，本研究提出假说4：创业培训正向影响返乡农民工创业绩效。

本研究构建返乡农民工创业绩效影响因素结构方程模型（SEM）以检验上述提出的假说，该模型结构如图6.1所示。

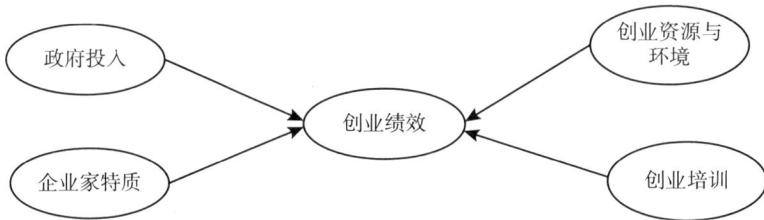

图 6.1　返乡农民工创业绩效影响因素结构方程模型

6.1.2　数据来源以及统计学分析

6.1.2.1　数据来源

本研究所用数据来自于课题组于2013年7月至2014年6月期间对安徽、江西和四川等中西部地区农民工所做的调查，调查采用问卷和半结构化访谈的方式开展。调查内容包括返乡农民工个体特征（包括性别、年龄、文化程度、婚姻状况、风险偏好等）、家庭特征（家庭人口数、家庭收入等）、返乡前就业状况、返乡创业培训参与情况、返乡创业培训政策支持评价及返乡创业状况等方面。调查区域包括安徽、江西和四川等中西部地区三个省份 15 个县（市），发放调查问卷 400 份，回收调查问卷 381 份，经过整理，获取有效调查问卷 353 份，有效率为 92.7%。

6.1.2.2 样本特征的情况说明

（1）返乡农民工个体基本情况。表 6.1 显示，353 位返乡农民工中年龄在 33 岁以下的占总体的 81%，青年农民工是返乡创业的主力军；结合文化程度分析，初中和高中（中专/技校）占据了极大的比重，比例分别为 30.3% 和 53.3%；在风险偏好方面，返乡创业农民工主要属于冒险型和中间型，比例分别为 36.5% 和 45.6%；在参加培训意愿上，大部分返乡农民工有意愿参与创业培训，比例为 64.3%。

表 6.1 返乡创业农民工个体特征的情况说明

	类别	数量（人）	比重（%）
性别	男	188	53.3
	女	165	46.7
年龄	>33	67	19
	≤33	286	81
婚姻状况	未婚	234	66.3
	已婚	113	32.0
	离婚	6	1.7
文化程度	小学及以下	7	2.0
	初中	107	30.3
	高中/技校/中专	188	53.3
	大专	37	10.5
	本科及以上	14	4.0

	类别	数量（人）	比重（%）
风险偏好	未知	1	0.3
	风险规避型	62	17.6
	风险中立型	161	45.6
	风险偏好型	129	36.5
是否参加培训	未知	4	1.1
	是	227	64.3
	否	122	34.6

（2）农民工返乡创业企业特征。根据表6.2，返乡农民工创业意愿一般和创业意愿比较强烈相对来说比重较大，服务业是返乡农民工创业的主要选择行业，返乡农民工创业企业年利润多在11万~50万元，创业企业在所处行业具有一定竞争力，占43%的比例。

表6.2　　　　　　　农民工返乡创业企业特征的描述性统计

	范围	频数（人）	百分比（%）
创业意愿程度	不想创业	11	3.1
	不强烈	54	15.3
	一般	140	39.7
	比较强烈	96	27.2
	很强烈	52	14.7
创业企业行业	制造业	46	13
	建筑业	55	16
	运输业	55	16
	采掘业	14	4
	服务业	111	31
	其他	72	20

续表

	范围	频数（人）	百分比（%）
创业企业利润（万元）	10 及以下	75	21.2
	11~50	146	41.4
	51~100	66	18.7
	101~500	55	15.6
	501 及以上	11	3.1
所处行业竞争程度	毫无竞争力	21	6
	有一点竞争力	131	37
	有一定竞争力	152	43
	有较大竞争力	42	12
	有极大竞争力	7	2

6.1.2.3 测试性变量的情况说明

由于结构方程模型中的政府投入力度、创业资源与环境、企业家特质、创业培训无法像年龄等变量一样可以客观度量，所以需要对这四个潜变量利用李克特5级量表法进行测量。李克特5级量表法主要内容是对测量变量给出一组陈述，这些陈述都与被访者对某个单独事物的态度有关，回答选项设有"完全同意""同意""不一定""不同意""完全不同意"，分别对上述回答赋值为5、4、3、2、1，积极性陈述表明被访者对选项内容持肯定或积极的态度，态度越积极，数值越大。测量变量的描述性统计见表6.3。

表6.3　农民工返乡创业企业调查问卷测量变量的情况说明

因子	标号	测量变量	均值	方差
政府投入	A_1	足够的培训补贴	3.87	0.987
	A_2	培训咨询比较详细	3.85	0.923
	A_3	充足的创业优惠政策支持	3.90	1.021

续表

因子	标号	测量变量	均值	方差
创业资源与环境	B_1	跟踪服务比较完善	3.68	0.895
	B_2	基础设施较为完备	3.92	0.843
企业家特质	C_1	创业情绪饱满	3.27	1.784
	C_2	关系处理较为妥善	3.62	0.579
	C_3	对经营环境比较敏感	4.01	0.993
创业培训	D_1	创业内容较为丰富	3.89	0.645
	D_2	创业培训较为有效	3.76	0.759
创业绩效	F_1	企业销售收入稳定	3.28	0.794
	F_2	贷款能够有效清偿	3.53	0.804
	F_3	对企业运营较为满意	3.46	0.792

6.1.3　实证分析

6.1.3.1　信度和效度检验

（1）信度检验。本章利用克朗巴哈系数（Cronbach's Alpha）对问卷的稳定性进行检验。一般而言，克朗巴哈系数大于等于 0.7 则被认为问卷的可信度较高。同时利用项目总体相关系数（CITC）来检测问卷各项目的内部一致性，通常数值大于 0.5 则说明问卷内部存在较高的一致性，而对于数值低于 0.4 的测试变量应进行剔除。在此过程中，进行信度检验的变量需属于统一因子，例如测量变量 A_1、A_2 以及 A_3 皆属于政府投入因子。经过 SPSS 软件的运行，本研究的总体克朗巴哈系数为 0.834，说明问卷可信度较高，但软件运行结果显示，由于企业家特质的测量指标"关系处理较为妥善"（C_2）的 CITC 值为 0.318，因此需要将 C_2 剔除，把测量变量 C_2 剔除后，总体的克朗巴哈系数上升到 0.873，由此更应该剔除 C_2，从而提高问卷内部的可信度。

（2）效度检验。利用因子分析的载荷值来检验各共同因子下每个测量变量间的收敛效度以及各个因子之间的区别效度。通常来说，因子载荷值越大则说明收敛效度越高（一般数值需大于0.5）；测量变量在其所属构面的因子载荷值大于0.5的个数越多，说明因子之间的区别效度越高。经过运行 SPSS 软件，结果显示，10个测量变量的因子载荷值均大于0.5，表明每个测量变量的收敛效度及各个因子之间的区别效度合理，所以本书保留这10个测量变量。

6.1.3.2 因子分析

由于测量变量 C_2 未通过信度检验，剔除该变量后，剩余9个测量变量的公共因子是政府投入、创业资源和环境、企业家特质和创业培训，并对这9个测量变量（A_1、A_2、A_3、B_1、B_2、C_1、C_3、D_1、D_2）进行 KMO 检验和 Bartlett 球形度检验，以确定本研究数据是否适合做因子分析。运用 SPSS 软件，得到结果 KMO 检验值达到0.754，Bartlett 球形度检验的卡方统计值为1223.320，其显著性水平（Sig. 值）达到0.000，检验结果确定本研究数据可以进行因子分析。本研究因子数量为4，使用限定抽取公共因子法进行因子分析，结果显示（见表6.4），这4个因子对9个测量变量具有82.324%的解释能力，累计贡献率为82.324%。

同理，运用 SPSS 软件对返乡农民工创业绩效变量进行 KMO 检验和 Bartlett 球形度检验，KMO 检验值为0.768，并且 Bartlett 球形度检验的卡方统计值为420.175，其显著性水平达到0.000，结果显示返乡农民工创业绩效适合做因子分析。同上述保持一致，采用限定抽取公共因子法（此时因子数量为1），得出因子累计贡献率为79.867%，说明这一个因子解释了79.867%的测量变量（见表6.5）。

表6.4 返乡农民工创业绩效影响因素因子载荷

因子	测量变量	载荷	贡献率（%）	累计贡献率（%）
创业培训	创业培训较为有效（D_1）	0.823	27.046	27.046
	创业内容较为丰富（D_2）	0.795		
政府投入	充足的创业优惠政策支持（A_3）	0.892	23.237	50.283
	足够的创业补贴（A_1）	0.823		
	培训咨询比较详细（A_2）	0.749		
企业家特质	创业情绪饱满（C_1）	0.892	19.233	69.516
	对经营环境比较敏感（C_3）	0.823		
创业资源与环境	基础设施较为完备（B_2）	0.833	12.808	29.032
	跟踪服务比较完善（B_1）	0.716		

表6.5 返乡农民工创业绩效因子载荷

因子	测量变量	载荷	贡献率（%）
企业绩效	企业销售收入稳定（F_1）	0.869	79.867
	对企业运营较为满意（F_3）	0.843	
	贷款能够有效清偿（F_2）	0.727	

6.1.3.3 结构方程模型分析

（1）模型适配度检验。模型适配度检验的主要目的是为了验证上文的假说，通过对初始模型进行修正，并经过评估修正模型的拟合性，确定最终的模型结果。通常情况下，选用卡方自由度比（CMIN/DF）、标准拟合指数（NFI）、拟合良好性指标（GFI）、增值拟合指数（IFI）、比较拟合指数（CFI）以及近似误差均方根（RMSEA）等指标来评估模型拟合优度。表6.6为具体的模型适配度检验结果。分析可知，修正模型的各项检验指标值与初始模型相比都有一定的改善，其中，修正模型的卡方自由度比（CMIN/DF）值为1.62（小于3），说明修正模型与实际样本数据具有非常好的适配程度。

另外，修正模型的拟合良好性指标值、标准拟合指数值、比较拟合指数和增值拟合指数都大于 0.90，RMSEA 值为 0.05 （<0.08），这些指标都说明修正模型适配度达到了适配标准。

表6.6　　　　　　　　　　模型适配度检验结果

统计检验指标	初始模型指标值	修正模型指标值	判断准则
卡方自由度比（CMIN/DNF）	1.96	1.62	<3，非常好
拟合良好性指标（GFI）	0.785	0.91	>0.9，非常好
标准拟合指数（NFI）	0.83	0.92	>0.9，非常好
比较拟合指数（CFI）	0.89	0.92	>0.9，非常好
增值拟合指数（IFI）	0.92	0.96	>0.9，非常好
近似误差均方根（RMSEA）	0.07	0.05	>0.05，非常好

（2）模型结果。利用 AMOS24.0 对返乡农民工创业绩效影响因素进行分析，最终得出 4 个因素影响返乡农民工创业绩效的路径图，4 个因素分别是政府投入、创业资源与环境、企业家特质和创业培训（见图6.2）。

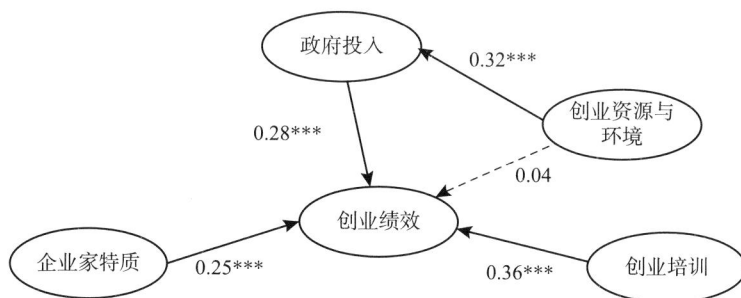

图6.2　返乡农民工企业创业绩效影响因素作用路径

注：*** 表示在 1% 水平上显著。实线表示通过显著性检验，虚线表示未通过显著性检验。

政府投入、创业资源与环境、企业家特质和创业培训这 4 个因素对返乡农民工创业绩效影响的标准化路径系数及假说检验结果见表6.7。

表6.7　　　　创业绩效影响因素的标准化路径系数及假说检验结果

路径	预期方向	总效应	直接效应	间接效应	检验结果
H_1：政府投入→创业绩效	+	0.28	0.25	——	成立
H_2：创业资源与环境→创业绩效	+	0.09	——	0.09	部分成立
H_3：企业家特质→创业绩效	+	0.25	0.36	——	成立
H_4：创业培训→创业绩效	+	0.36	0.28	——	成立

注："——"表示统计不显著。

根据模型的结果得出以下结论：

（1）创业培训能够显著提高返乡农民工创业绩效。创业培训通过了显著性检验，影响路径系数为正，说明创业培训越有效，创业内容越丰富，返乡农民工创业绩效就越高。原因如下：第一，对于农民工群体而言，其文化程度较低，接受高等教育的比重较少，系统的创业培训给农民工一定的方向指引，避免了盲目创业；第二，创业培训涵盖多方面的内容，包括市场走向、行业分析、创业所需能力以及创业所需的其他相关基础知识，对农民工进行科学、系统的创业教育，增大了农民工创业的成功率，大大提升了创业绩效。

（2）政府投入力度是影响返乡农民工创业绩效的重要因素。本研究中政府投入主要包括提供培训补贴、提供培训咨询以及提供创业优惠政策支持。首先，足够的培训补贴能够减轻返乡农民工参与培训的成本，使其更加愿意参与创业培训，对创业农民工的定位和发展更为有利，促进返乡农民工创业企业快速发展；其次，提供创业咨询有利于农民了解各种市场信息，更有利于返乡农民工了解市场行情和经济走向，把握市场规律；最后，提供创业优惠政策支持有助于减轻返乡农民工经济负担，鼓励返乡农民工进行创业活动。

（3）企业家特质对返乡农民工创业绩效有一定影响。这里的企业家特质主要指创业情绪以及经营环境敏感度。企业家创业情绪越饱满，对经营环境越敏感,创业绩效越高。企业家创业情绪越饱满,参与创业的积极性越高;再者,返乡农民工对经营环境越敏感,越能有针对性地接受创业培训内容,通过合理利用创业培训提高企业所缺乏的市场信息,显著提高创业绩效。

(4)创业资源与环境并不直接影响返乡农民工创业绩效。根据模型结果可知,创业资源与环境对政府投入的路径系数通过了显著性检验,但是该因素对创业绩效影响的直接路径系数并没有通过显著性检验,说明政府投入作用于创业资源与环境,进而影响创业绩效。这一结论有效说明创业资源与环境对创业绩效影响的大小主要依赖于政府投入的力度,加大政府投入力度能有效促进创业资源与环境的影响作用。因此,政府应加大对返乡农民工创业的扶持投入力度,从而提高创业资源与环境的使用效率。

6.2 返乡农民工创业培训绩效影响因素分析

为提高返乡农民工创业绩效,对这一特殊群体开展针对性的创业培训日益受到各界关注。在前文中,通过调研数据,利用结构方程模型,得出创业培训对返乡农民工创业绩效有重要的正向影响。由于创业培训的影响因素众多,结合本研究对安徽省、江西省及四川省返乡农民工实地调查来看,创业培训基本能满足返乡农民工需求,但是仍然存在不足,例如创业培训内容缺乏实用性、培训质量不高等。国内学者对返乡农民工创业培训绩效也有所研究,例如,张秋林、张晔林(2008)认为,培训机构信誉、培训内容、培训费用、时间安排以及培训方式影响农民工培训投入意愿,且影响程度按照上述次序递减;侍昌逻(2010)以高邮市政府为例,通过构建关于农民工培训绩效的评价体系,运用层次分析法得出政府主要投入型农民工培训绩效一般。本部分结合前人相关研究成果,在前文基础上,针对创业培训绩效的影响因素,结合实地调研相关数据和问卷内容,利用层次分析法构建返乡农民工创业培训绩效评价指标体系,此评价指标体系包括培训内容及时长、创业培训的相关资源、培训方式及氛围和实际效果四个方面，得出影响创业培训绩效的重要因素是培训内容的实用性和收入稳定性，在此基础上结合数据分析结果提出相关政策建议，以期进一步提升返乡农民工创业培训绩效。

6.2.1 农民工创业培训绩效评价指标体系的建立

结合调查问卷以及相关方面的知识，本研究构建了包含培训内容及时长、创业培训的相关资源、培训方式及氛围和实际效果四个方面的科学指标评价体系。

（1）创业培训内容及时长。培训内容和时长是创业培训的重要组成部分，在极大程度上影响着创业培训效果，培训内容是否科学合理从某种角度也反映了创业培训的科学与否。结合农民工实际，从返乡农民工需求出发，创业培训内容详尽地提供了与创业相关的各种优惠政策信息（详尽性）、能从创业培训中获得创业所需的基本知识（实用性）、创业培训时长能满足农民工基本需求（时长满足需求性）三个方面构成了培训内容的科学成分，也形成了培训内容的具体观测变量。

（2）创业培训的相关资源。这里的资源主要指的是师资力量及相关教学设施，创业培训老师知识丰富、授课形式生动有趣、教学设施完善等都会对培训效果产生影响。创业培训的老师知识丰富，能够传授创业所需的知识、创业培训的依托资质良好以及创业培训配置的教学设施能够满足学习需要这三方面构成了创业培训的相关资源的观测指标。

（3）创业培训方式及氛围。创业培训方式有多种分类方式，最常见的是长期培训和短期培训。培训氛围也在一定程度上影响着培训效果，良好的培训氛围有利于激发返乡农民工创业热情，提高学习积极性，有利于提高创业培训效果。在参与培训过程中，评价培训方式及氛围的观测变量包括创业培训教学方式灵活、对创业基地进行实地考察、可以从创业成功人士的创业经验中获得很大启发、互动良好的氛围等四个方面内容。

（4）实际效果。培训实际效果即经过创业后对企业的影响，直接反映了创业培训是否有效。结合相关文献和前人研究成果，根据实地调研相关数据和调查问卷结果，本研究最终将收入稳定性、企业偿债能力以及经营满意度绩效作为评价创业培训实际效果的指标。其中收入稳定性是指接受创业培训后返乡农民工收入是否稳定提升；企业偿债能力是指参加创业培训后返乡农民工是否有能力偿还创业贷款；经营满意度绩效指的则是在经过创业培训后，返乡农民工对企业的经营满意度是否提升，对比培训前经营过程是否更加顺利。

6.2.2　基于层次分析法的农民工创业培训绩效影响因素模型构建

在层次分析法中，评价者必须清晰掌握决策问题的本质、指标体系所包含的要素以及要素之间的逻辑关系，在此基础上，评价者根据相对重要性函数表而得出各因素两两比较的重要性等级。同时它作为一种定性和定量相结合的工具，具有可靠性高、误差小等优点，它的基本原理是根据具有递阶结构的目标、准则、指标等来评价方案，通过两两比较的方式建立判断矩阵，再依据最大特征根等相应指标作为判断依据，根据上述指标综合给出各方案的优先程度，一定程度上反映了影响因素的重要程度。

层次分析法使用步骤为：

第一步：建立层次结构模型。运用层次分析法将创业培训绩效的评价模型分为以下三个部分：目标层（最高层）表示返乡农民工创业培训绩效；准则层（中间层）则是返乡农民工创业培训绩效的重要影响因素，主要包括培训内容及时长、培训的相关资源、培训方式及氛围和实际效果；指标层（最底层）表示衡量准则层的具体指标，综合上述，用表6.8构建创业培训绩效的层次结构模型。

表 6.8 返乡农民工培训绩效评价体系

目标层	准则层	指标层
培训绩效（T）	培训内容及时长（C）	实用性（C_1）
		详尽性（C_2）
		时长满足需求性（C_3）
	培训的相关资源（R）	知识丰富（R_1）
		依托资质良好（R_2）
		教学设施完善（R_3）
	培训方式及氛围（M）	教学方式灵活（M_1）
		考察创业基地（M_2）
		借鉴成功经验（M_3）
		互动氛围良好（M_4）
	实际效果（E）	收入稳定性（E_1）
		企业偿债能力（E_2）
		经营满意度绩效（E_3）

　　第二步：构建两两判断矩阵。由于培训绩效的评价模型中，有许多指标的数据难以通过统计方法获得，对于每一层次中各要素相对其上层要素的相对重要程度，运用专家调查法对同一层次的各元素与上一层次中每个元素的重要性进行两两比较，进而得到所需的判断矩阵。参考相关文献并结合实际，本文选用九分判断尺度作为得分依据，如表 6.9 所示。

表 6.9 九分判断尺度

标度	含义
1	表示两个元素相比，重要性相同
3	表示两个元素相比，前者比后者稍微重要些
5	表示两个元素相比，前者比后者重要很多
7	表示两个元素相比，前者比后者强烈重要
9	表示两个元素相比，前者比后者极端重要
2，4，6，8	表示上述判断之间的中间状态对应的标度值

（1）目标层与准则层之间的判断矩阵（见表6.10）。

表 6.10 　　　　　　　　　　　判断矩阵 **T**

创业培训绩效	培训内容及时长	培训相关资源	培训方式及氛围	实际效果
培训内容及时长	1	2	3	1/2
培训相关资源	1/2	1	1/3	1/4
培训方式及氛围	1/3	3	1	1/6
实际效果	2	4	6	1

（2）准则层与指标层之间的判断矩阵，具体矩阵如表6.11~表6.14。

表 6.11 　　　　　　　　　　　判断矩阵 **C**

C	C_1	C_2	C_3
C_1	1	2	3
C_2	1/2	1	2
C_3	1/3	1/2	1

表 6.12 　　　　　　　　　　　判断矩阵 **R**

R	R_1	R_2	R_3
R_1	1	2	5
R_2	1/2	1	3
R_3	1/5	1/3	1

表 6.13 　　　　　　　　　　　判断矩阵 **M**

M	M_1	M_2	M_3	M_4
M_1	1	3	5	2
M_2	1/3	1	2	1/2
M_3	1/5	1/2	1	1/2
M_4	1/2	2	2	1

表 6.14 　　　　　　　　　　　　　判断矩阵 E

E	E₁	E₂	E₃
E₁	1	5	7
E₂	1/5	1	2
E₃	1/7	1/2	1

第三步：计算权重。

对于上述判断矩阵，采用数学方法进行排序，即所谓的计算权重。下面利用方根法计算各判断矩阵的权向量，方根法的计算公式如下：

$$M_i = \prod (a+b+c+\cdots)，以此类推（i = 1，2，3，\cdots，n），\bar{\omega} = \sqrt[n]{M_i}$$

其中，a、b、c 表示判断矩阵中同一行的判断数值。

将 $\bar{\omega}$ 归一化，$\omega_i = \dfrac{\bar{\omega}}{\sum\limits_{i=1}^{n}\bar{\omega}_i}$

其中，ω_i 表示相应因素的权重向量。

再继续计算矩阵的最大特征根：

$$\lambda_{max} = \sum_{i=1}^{n} \frac{(A\omega)_i}{n\omega_i}$$

其中，$A\omega_i$ 表示 $A\omega$ 中第 i 个元素。

判断矩阵 T 计算结果如下：

$$\omega = \begin{bmatrix} 0.26 \\ 0.14 \\ 0.081 \\ 0.519 \end{bmatrix}，\lambda_{max} = 4.011$$

判断矩阵 C 计算结果如下：

$$\omega = \begin{bmatrix} 0.539 \\ 0.297 \\ 0.164 \end{bmatrix}，\lambda_{max} = 3.009$$

判断矩阵 R 计算结果如下：

$$\omega = \begin{bmatrix} 0.581 \\ 0.309 \\ 0.110 \end{bmatrix}, \quad \lambda_{max} = 3.004$$

判断矩阵 M 计算结果如下：

$$\omega = \begin{bmatrix} 0.489 \\ 0.161 \\ 0.1 \\ 0.25 \end{bmatrix}, \quad \lambda_{max} = 4.041$$

判断矩阵 E 计算结果如下：

$$\omega = \begin{bmatrix} 0.738 \\ 0.168 \\ 0.094 \end{bmatrix}, \quad \lambda_{max} = 3.013$$

第四步：一致性检验。

$$C. I. = \frac{\lambda_{max} - n}{n - 1}$$

平均一致性指标 R. I. 如表 6.15 所示。

表 6.15

矩阵阶数	1	2	3	4	5
R. I.	0	0	0.52	0.89	1.12

计算一致性比例：

$$C. R. = \frac{C. I.}{R. I.}$$

计算结果如下：

判断矩阵 T，C. I. $= 0.004$，R. I. $= 0.89$，C. R. $= 0.0044$

判断矩阵 C，C. I. = 0.0045，R. I. = 0.52，C. R. = 0.0086

判断矩阵 R，C. I. = 0.002，R. I. = 0.52，C. R. = 0.0038

判断矩阵 M，C. I. = 0.0137，R. I. = 0.89，C. R. = 0.015

判断矩阵 E，C. I. = 0.0065，R. I. = 0.52，C. R. = 0.0125

当 CR < 0.1 时，认为判断矩阵的一致性是可以接受的，否则应对判断矩阵作适当修正。

第五步：一致性检验结果分析。

对于创业培训绩效矩阵 T，判断矩阵一致性比例为 0.0044，对总目标的权重为 1.000；对于培训内容及时长矩阵 C，判断矩阵一致性比例为 0.0086，对总目标的权重为 0.26；对于培训相关资源矩阵 R，判断矩阵一致性比例为 0.0038，对总目标的权重为 0.14；对于培训方式及氛围矩阵 M，判断矩阵一致性比例为 0.015，对总目标的权重为 0.081；对于实际效果矩阵 E，判断矩阵一致性比例为 0.0125，对总目标的权重为 0.519。

上述判断矩阵基于对安徽省、江西省以及四川省返乡农民工、培训机构进行的调查及访谈，并根据政府相关工作人员、专家学者以及企业主等各界人士的综合意见整理得出，有一定的现实依据，且各判断矩阵都通过了一致性检验，因此可以确定上文中的判断矩阵是有效的，无须进行修正，在此数据基础上，可以通过计算得出指标层相对于目标层的权重。具体是计算出指标层相对准则层的权重、准则层相对目标层的权重，最终依据相应的权重求得从实用性（C_1）、详尽性（C_2）一直到企业偿债能力（E_2）、经营满意度绩效（E_3）的全部权重，依次为 ω_1、ω_2、ω_3、ω_4、ω_5、ω_6、ω_7、ω_8、ω_9、ω_{10}、ω_{11}、ω_{12}、ω_{13}。

经求解具体权重如表 6.16 所示。

对上述求解的各指标权重进行分析，得出以下结论：

（1）显著影响返乡农民工创业培训绩效的因素包括：培训内容的实用性（C_1）、收入稳定性（E_1），两者的权重都在 0.10 以上，其中收入稳定性（E_1）是影响培训绩效的最重要因素。

表 6.16

权重	ω_1	ω_2	ω_3	ω_4	ω_5	ω_6	ω_7
数值	0.140	0.077	0.043	0.081	0.043	0.015	0.040
权重	ω_8	ω_9	ω_{10}	ω_{11}	ω_{12}	ω_{13}	
数值	0.013	0.008	0.02	0.383	0.087	0.049	

（2）明显影响返乡农民工创业培训绩效的因素有：培训内容的详尽性（C_2）、培训的老师知识丰富（R_1）和企业偿债能力（E_2），它们的权重都在 0.06 ~ 0.09。

（3）一般影响返乡农民工创业培训绩效的因素有：培训的时长满足需求（C_3）、培训依托良好（R_2）、教学方式的灵活性（M_1）和满意度绩效（E_3），它们的权重都在 0.03 ~ 0.05。

（4）微弱影响返乡农民工创业培训绩效的因素有：教学设施完善（R_3）、考察创业基地（M_2）、借鉴成功经验（M_3）以及互动氛围良好（M_4），它们对目标的影响系数在 0.03 之下。

6.3　简要结论及启示

在此调查问卷基础上，结合层次分析法结果，对返乡农民工创业培训绩效影响因素进行简单总结：

（1）创业培训有一定的效果。根据调查数据显示，对于接受过创业培训的返乡农民工来说，创业的成功率高于未进行创业培训的农民工，反映了在一定程度上创业培训给农民工带来了帮助，由此得出创业培训是指导农民工创业就业的良好方式。对于创业内容的详尽性、收入稳定性和创业、就业绩效，结果显示，农民工较为满意。政府可以加大对创业培训的投入，使农民工接受科学、系统的培训，进一步改善返乡农民工生活、提高就业率。

（2）培训结构有待改善。此次实地调研发现，创业培训能够满足返乡农民工需求，传授创业过程中农民工所缺乏的知识，创业培训极为重要，当务之急是应该将重心放在提高创业培训的质量上。根据统计结果显示，受培训的返乡农民工大体上对创业培训是比较满意的，例如收入稳定性较高，也说明创业培训对返乡农民工创业有一定的成效。另一方面，应该对不足的方面进行改善，以提高创业培训绩效，例如：提高培训内容的详尽性和实用性、提高培训依托软实力等。只有对这些方面进行改善，才能进一步促进创业培训质量的提升，使得返乡农民工受益于创业培训，从而提高创业成功率，提升创业绩效，稳定农民工收入。

7　主要结论与政策建议

7.1　主　要　结　论

7.1.1　返乡农民工创业培训投入意愿影响因素

本书利用课题组对安徽、江西和四川等中西部地区农民工所做的问卷调查数据，运用二元 Probit 模型，实证分析了影响返乡农民工创业培训投入意愿的主要因素。研究结果表明：性别、年龄、文化程度、婚姻状况、是否具有培训经历、家人是否支持、是否有精力参加培训、有无参加限制和是否有跟踪服务对返乡农民工创业培训投入意愿有显著影响；而是否具有技能、周围人参加情况、有无培训基础设施、培训项目符合需求情况、是否有补贴、是否有咨询和是否有"凭培训换优惠政策"对返乡农民工创业培训投入意愿的影响不显著，但基本都存在正的影响。

7.1.2　返乡农民工对创业培训扶持政策的满意度及影响因素

利用中西部地区 353 个返乡农民工调查数据，本书运用因子分析法和二元 Logistic 模型，实证分析了返乡农民工对创业培训扶持政策的满意度及其影响因素，主要得出以下结论：返乡农民工创业培训政策综合满意度主要受政策评价、内在个体特征、外在个体特征、人力资本和家庭特征五个因子的影响，五个指标的重要性存在递减次序。政策评价对返乡农民工创业培训政策满意度的影响最大，在所有因子中具有最高的统计显著性。政策评价这一因子在模型中通过显著性检验且其系数为正，表明在其他条件不变的情况下，政策评价越高，返乡农民工对创业培训政策的满意度越高，创业培训配套基础设施、创业培训补贴、创业培训咨询、培训跟踪服务和后续创业优惠政策支持力度越大，返乡农民工创业培训政策满意度也越高。内在个体特征（年龄和婚姻状况）也是影响返乡农民工创业培训政策满意度的重要因素。内在个体特征在模型中系数为正，表明对返乡农民工创业培训政策的满意度有正向影响。说明青年返乡农民工对于创业培训政策的期望和要求往往高于中年农民工，未婚返乡农民工对于创业培训政策的期望和要求往往高于已婚群体。外在个体特征即性别和文化程度对返乡农民工创业培训政策满意度有影响，其在模型中系数为负。说明较之于男性，有创业意愿和需求的女性对于创业培训的期望及要求较高，另外现阶段面向返乡农民工的创业培训项目缺乏专门针对女性返乡人员的创业培训内容，女性返乡创业人员培训服务体系尚不完善，这在很大程度上影响了女性返乡创业人员对于创业培训扶持政策的满意度。人力资本主要反映返乡农民工的技能和以往培训经历，也对创业培训政策满意度具有一定影响。包含技能和以往培训经历的人力资本因素对返乡农民工创业培训政策满意度有正向影响。

7.1.3 返乡农民工创业培训绩效影响因素

利用调研数据，本书运用结构方程模型和层次分析方法就返乡农民工创业绩效和创业培训绩效影响因素进行考察。首先运用结构方程模型分析了影响返乡农民工创业绩效的关键因素，结果显示，政府投入、创业资源与环境、企业家特质和创业培训这四个因素影响农民工返乡创业绩效，影响程度各有差异，其中创业培训能够显著提高返乡农民工创业绩效，政府投入力度是影响返乡农民工企业创业绩效的重要因素，企业家特质对返乡农民工创业绩效有一定影响，创业资源与环境并不直接影响返乡农民工创业绩效，创业资源与环境对创业绩效影响的大小主要依赖于政府投入的力度，加大政府投入力度能有效促进创业资源与环境的影响作用。其次在构建返乡农民工创业培训绩效影响因素模型的基础上，利用层次分析法实证分析了影响返乡农民工创业培训绩效的因素，研究结果表明，显著影响返乡农民工创业培训绩效的因素包括：培训内容的实用性和收入稳定性；明显影响返乡农民工创业培训绩效的因素有：培训内容的详尽性、培训的老师知识丰富和企业偿债能力；一般影响返乡农民工创业培训绩效的因素有：培训的时长满足需求、培训依托良好、教学方式的灵活性和满意度绩效；微弱影响返乡农民工创业培训绩效的因素有：教学设施完善、考察创业基地、借鉴成功经验以及互动氛围良好。

7.2 政策建议

现阶段，囿于国内经济环境、社会环境、政府政策等外部因素以及创业能力、创业经验、资金、技术等自身因素的限制，返乡农民工在创业过程中遭遇了诸多困难，创业面临极大的不确定性，其中由于大多数返乡农民工自身素质欠缺，缺乏成功创业所必需的生产技术能力、经营管理知识和经验等，这在很大程度上影响和制约了其成功创业。然而当前我国返乡农民工创业培训扶持政策尚不完善，许多返乡农民工初次创业过程中凭借的仅仅是在外务工所累积的经验，缺乏系统的创业理念、知识和技能培训，远远不能满足返乡农民工在实际创业中的需要。如何优化返乡农民工创业培训扶持政策已经成为当前政府和社会关注的焦点问题，本书基于调查研究，在深入分析返乡农民工创业培训投入相关问题的基础上，结合研究结论，提出以下政策建议，以推动返乡农民工创业培训工作开展，提升返乡农民工创业培训效果，解决返乡农民工在创业过程中面临的现实困境，从而进一步促进返乡农民工创业，切实提高农民收入，协调城乡和区域经济发展。

1. 加大返乡农民工创业培训宣传力度

农民工返乡创业是在当前国际国内经济环境变化和产业结构调整背景下出现的特有现象，是农村劳动力迁移过程中基于迁移成本和收益权衡考量的现实结果，是推进新农村建设、城镇化和统筹城乡发展的重要内涵。国务院办公厅于 2015 年 6 月下发了《关于支持农民工等人员返乡创业的意见》的文件，各地方政府相继出台了支持农民工返乡创业的实施意见。为了进一步贯彻落实相关文件精神，积极鼓励支持农民工返乡创业，提高返乡农民工创业成功的概率，地方政府应加大返乡农民工创业培训宣传力度，在具体创业培训宣传工作上应该聚焦以下问题：

（1）通过创业培训宣传营造创业氛围，充分调动返乡农民工创业的积极性和主动性，利用身边创业典型事例提升返乡农民工的创业意识，通过创业成功者分享创业经历激发返乡农民工创业热情。本课题组在调研访谈过程中发现，返乡农民工在创业与否上之所以踟蹰不前，缺乏宣传引导是很重要的一个原因。政府应积极组织针对返乡农民工的创业宣传培训项目，积极宣传政府鼓励返乡农民工创业的相关优惠政策，打消返乡农民工创业顾虑，通过培训项目在全社会营造全民创业的良好氛围，培育返乡农民工创业精神，形成对于创业活动的价值认同。

（2）充分利用广播、电视、报刊等传统媒体以及微博、微信等新媒体，宣传国家和地方政府有关鼓励支持返乡农民工创业的优惠政策，特别是创业培训服务支持政策。在调研中我们发现，较之于政府出台的金融、税收等扶持政策，许多返乡农民工对于地方政府创业培训项目知之甚少，不了解相关创业培训项目，这在很大程度上是由于政府宣传不到位。因此，地方政府应加大返乡农民工创业培训服务政策的宣传力度，让返乡农民工在创业之初能够了解相关政策，熟悉创业流程，获取创业信息，累积创业经验，提升创业能力，从而避免盲目创业。

（3）课题组在调研中发现返乡农民工对创业培训项目认同感不强，一部分返乡农民工认为创业培训项目参加与否无显著差异，对自身创业意义不大；另外还有一部分返乡农民工急于创业，没有时间参与培训。导致这种现象的原因一方面是由于政府在创业培训扶持政策的宣传上力度不够，加之现有培训项目针对性不足，不能满足返乡农民工的现实需求；另一方面是因为返乡农民工主观上对于创业培训认知不足，凭自身在外出务工过程中累积的经验和技术开展创业活动，创业行为盲目性大，创业过程中面临诸多问题，导致创业失败率较高。创业是一种思考、推理和行为方式，它为机会所驱动，需要在方法上全盘考虑并拥有和谐的领导能力（Timmons，1999），仅凭过去的经验和一时的热情很难成功创业。因此，政府应加大创业培训扶持政策宣传力度，积极引导返乡农民工参加创业培训，提高创业成功率。

2. 优化返乡农民工创业培训扶持机制

（1）优化设计返乡农民工创业培训平台。

创业是一项长期、复杂的系统工作，创业者在成功创业过程中需要持续的指导和服务，而作为返乡农民工群体而言，其在创业过程中更需要全方位、全过程的跟踪指导和服务。课题组在调研过程中发现，现阶段很多地方政府依据行政职能归属，分部门各自负责一块返乡农民工的创业培训工作。例如，地方政府人社局一般总体上负责返乡农民工创业指导工作，而某些地方政府农委也承担了相关返乡农民工培训任务；而团委则主要负责青年农民工培训和创业指导工作，扶贫办也组织了针对返乡农民工的相关培训。创业培训服务机构的分散一方面造成了部门间职能交叉，权责不明，效率降低，无法形成合力为返乡农民工提供有效的培训服务；另一方面也导致了返乡农民工在选择创业培训服务时无所适从。所以，整合现有资源、优化设计返乡农民工创业培训服务平台是顺利开展返乡农民工创业培训服务的首要任务。政府应成立负责返乡农民工创业培训工作的专门机构，结合返乡农民工创业特点，根据返乡农民工创业需要，按照返乡农民工创业过程，有效整合与返乡农民工创业活动密切相关的金融、科研、咨询、行业组织等机构，协调各方，整合资源，构建政府、培训机构、企业、行业协会等多方参与的返乡农民工创业培训服务平台，为返乡农民工提供创业前的培训和辅导、创业中的支持和服务工作。

（2）优化返乡农民工创业培训经费保障机制。

在推进返乡农民工创业的过程中，国家和地方政府陆续出台了一系列激励扶持政策。具体到创业培训扶持政策上，各地政府一般都通过免费提供培训、给予创业培训补贴等方式，保障返乡农民工创业培训工作的有效开展。

改革开放以来，农民工群体为中国经济的发展做出了巨大的贡献，现阶段随着新型城镇化和新农村建设步伐的加快，有必要从制度层面落实"城市支持农村，工业反哺农业"的统筹发展战略，给予返乡农民工创业活动以强有力的支持，具体到返乡农民工创业培训工作而言，第一，各级政府应持续发力，不断增加财政资金投入。创业培训工作是一项惠及大众的民生工程，是政府提供的具有公共品属性的就业服务政策，其具有一定公益性质。随着返乡农民工创业热情不断高涨，对于培训的需求日益凸显，必须加大资金投入才能保证返乡农民工创业培训工作的有效开展。课题组在调研过程中发现，返乡农民工对于政府创业培训扶持政策满意一方面受创业培训补贴政策影响，即培训补贴发放金额和方式，培训期间是否提供食宿、报销往返路费等；另一方面受创业培训配套基础设施、创业咨询情况的影响。这需要政府加大资金投入，同时积极引导培训机构和社会组织共同参与，改善培训条件，优化培训设施和办学条件，提供优惠薪资待遇，大力引进高水平师资，充分调动培训教师培训的积极性，保证创业培训质量的提升。第二，各级政府应压实责任，强化创业培训经费管理。随着返乡农民工创业培训投入的不断增加，如何保证创业培训经费有效合理使用，确保创业培训经费投入获得应有的效果已经成为不容忽视的问题。各级政府应加强对于返乡农民工创业培训经费的监督管理，在年度预算安排的基础上，通过定期审计和不定期核查的方式对于创业培训经费的使用情况进行了解和掌握，确保创业培训经费落在实处。第三，各级政府应细致谋划，提升创业培训经费投入绩效。创业培训经费投入绩效受政府、培训机构和参与培训的返乡农民工三方共同影响，课题组调研访谈发现，单纯依靠政府财政资金投入的方式难以保证创业培训经费绩效，应该在政府保证经费投入的基础上，积极引导各类社会组织进入返乡农民工创业培训市场；同时，通过调研发现，当前部分返乡农民工对于免费培训项目积极性不高，重视程度不够，参加培训的主要目的是获取培训后的相关优惠政策支持，这在一定程度上是由于返乡农民工没有相应的培训投入导致的。所以，在保证培训项目质量的基础上，根据返乡农民工个体对于培训费用的负担能力，适当收取相应的培训费，对于激发返乡农民工创业培训积极性，保证培训效果有着积极的作用。

（3）积极构建返乡农民工创业信息支持平台。

返乡农民工在创业过程由于自身条件限制，普遍存在着对于市场信息了解不充分、不完全的现象，这直接导致了返乡农民工在选择创业项目时盲目性较大，照搬他人的创业模式，存在着跟风现象，决策和判断经常与地方经济发展和市场需求脱节的现象。因此在优化设计返乡农民工创业培训平台的基础上，需要积极构建返乡农民工创业信息共享平台，有针对性地为返乡农民工提供信息服务和创业支持。首先，基于现有培训平台资源为返乡农民工提供创业培训、市场信息等；其次，广泛收集整理适合本地区的返乡农民工创业项目，深入论证创业项目的可行性，细致评估筛选创业项目，并在返乡农民工创业信息支持平台发布创业项目供返乡农民工选择；最后，应大力选拔一批有经验、熟悉市场的企业家、经理人、投资人等充实到创业导师团队中，积极搭建信息交流和技术支持的平台，为返乡农民工提供持续的有针对性的创业辅导，切实解决返乡农民工在创业过程中面临的困难。

（4）努力完善返乡农民工创业培训优惠政策。

完善返乡农民工创业培训优惠政策对于激发返乡农民工创业热情、保障创业成效有着积极的作用，因此要完善相关农民工返乡创业培训政策，系统研究和制定有利于促进农民工返乡创业的优惠政策措施。课题组在调研中发现，现阶段返乡农民工参与创业培训的主要动因之一是获取创业培训后政府所提供的优惠政策扶持，一些地方政府将参与创业培训与否作为是否有资格获取政府创业贴息贷款的必要条件，这在一定程度上激发了返乡农民工参与创业培训的热情和积极性，但是由于政府缺乏系统优惠扶持政策的设计和对于创业培训效果的评价，返乡农民工参与创业培训的表面繁荣难以保证创业培训后优惠政策的有效实施。因此，各级政府应该建立农民创业培训效果的评价指标体系，针对培训全过程制定细致全面的考核评价方式，把创业培训效果与创业培训后优惠政策紧密结合起来，作为返乡农民工是否能够获取优

惠政策支持以及支持力度大小的依据，这在很大程度上能够避免当前类似于
"撒胡椒面"式的扶持方式，保证返乡农民工创业扶持优惠政策发挥最大
作用。

3. 构建返乡农民工创业培训服务体系

（1）优化设计培训内容。

根据本课题组调研发现，返乡农民工群体参加创业培训项目有着明确的
目的，但对于创业培训内容需求差异很大，主要集中在创业能力培训、创业
项目指导、创业技术咨询等方面，然而当前返乡农民工的创业培训项目普遍
存在针对性不强、创业培训内容与返乡农民工创业实际脱节等现象。所以，
在具体创业培训内容的设计上，应注重返乡农民工的实际需求，系统化设计
培训内容，注重个体的差异化培训需要。首先，从返乡农民工群体状况出发，
培训内容应包括创业意识培育、创业能力提升、创业心理辅导等，注重激发
返乡农民工创业意识，强化返乡农民工创业知识；其次，以返乡农民工为中
心，针对返乡农民工个体差异，积极引导返乡农民工参与培训，根据返乡农
民工特点和差异化需求设计培训内容，注重培训内容的个性化，特别是结合
女性创业者和青年返乡农民工创业需求设计培训内容；最后，在培训内容的
设计上要注重强化创业能力，科学制定创业实践能力培训计划，突出培训的
实效性。

（2）创新创业培训模式。

当前返乡农民工创业培训大多采取"政府—返乡农民工"或"政府—培
训机构—返乡农民工"的模式，政府在创业培训中发挥着主导作用，取得一
定成效，但是政府囿于自身限制，缺乏对于市场的敏感度，难以实时准确把
握市场动向，结合市场需求提供符合返乡农民工创业需要的培训项目。因此
为了进一步提升返乡农民工创业培训效果，应充分利用社会资源，积极开展
创业培训项目，增加创业培训的覆盖面。在具体创业培训模式设计上，可以
在政府的指导下，采取"营利性培训机构—返乡农民工""行业协会—返乡
农民工""企业—返乡农民工"等多种培训模式。这样，一方面通过营利性

培训机构、行业协会和企业等的参与，可以保证培训效果，契合返乡农民工创业的实际需要；另一方面营利性培训机构、行业协会和企业等社会组织能够整合资源优势，给予返乡农民工创业帮助。

（3）改革创业培训方法。

本课题组在调研中发现返乡农民工普遍对传统的知识传授型培训方式接受程度较低，所以在创业培训方法上应注重"以受培训者为中心"，培训教师应改变教学方式，由培训活动的主导者转变为培训活动的组织者，通过讨论式、案例式等教学方法，积极引导返乡农民工参与到培训中来，结合自身经营和创业情况，交流经验，分享心得。培训教师应结合返乡农民工创业实际需求，设计培训方案，设置培训计划，选择培训方法，把整个培训过程与返乡农民工创业实际紧密结合起来，切实提升返乡农民工创业能力，着力解决返乡农民工创业中遇到的问题，满足返乡农民工创业需要。

（4）强化创业培训师资。

创业培训师资队伍是保障返乡农民工创业培训效果的关键。课题组调研发现当前返乡农民工创业培训师资队伍建设中存在的主要问题包括：首先，针对返乡农民工的创业培训具有集中培训周期短、后期跟踪时间长的特点，培训教师普遍感觉集中培训期间工作强度高，而后期跟踪过程中又耗费大量时间和精力，薪资待遇与自身付出的劳动不成比例，这在一定程度上影响了培训教师的工作积极性，不利于培训质量的提升；其次，参与培训的返乡农民工素质参差不齐，创业需求千差万别，培训教师在培训过程中感觉工作难度高，压力大；最后，现有培训师资主要来源于本科院校、高职和中职院校，普遍缺乏创业实践经验，偏重于理论教学，接受培训的返乡农民工感觉培训缺乏针对性，实际效果有限。针对上述问题，政府应采取相应措施，加强返乡农民工创业培训师资队伍建设，提升创业培训师资水平，保障创业培训效果。第一，加大培训经费投入，提高培训教师待遇，充分调动培训教师工作的积极性和主动性；第二，推行培训教师进修制度，加强培训教师考核管理，保障培训效果；第三，积极引进相关领域和行业的企业家、职业经理人、投资人和成功创业者充实创业培训师资队伍，不断优化创业培训师资结构，满足返乡农民工的差异化创业需求，提升创业培训的针对性。

（5）加强创业培训跟踪。

创业培训跟踪服务一方面能够为返乡农民工创业提供持续的指导和支持，另一方面对于进一步优化创业培训扶持政策有着积极的作用。调研发现，当前针对返乡农民工的创业培训缺乏后续跟踪，后续跟踪"流于文件"、"流于形式"，返乡农民工在创业中遇到问题和面临困难时无法获取指导和支持，另外，后续跟踪环节缺失导致创业培训效果不能及时反馈，因此必须重视和加强创业培训跟踪工作。一方面，完善返乡农民工创业培训跟踪服务平台，打造跟踪服务团队，提升跟踪服务水平，保证跟踪服务高效有力，有针对性地解决返乡农民工在创业实际中遇到的问题；另一方面，应建立返乡农民工创业培训信息反馈机制，跟踪了解返乡农民工创业全过程，了解返乡农民工创业实际需要，一体化设计"创业培训—创业孵化—创业实践"扶持政策。

7.3 研究展望

本研究利用课题组在中西部地区三个省份的调研数据对返乡农民工创业培训投入影响因素进行了探索性研究，通过实证检验影响返乡农民工创业培训投入意愿以及返乡农民工对政府创业扶持政策满意度的主要因素，并对返乡农民工创业绩效和创业培训绩效的影响因素加以分析衡量，以期能够优化农民工返乡创业培训机制，为政府完善相关返乡农民工创业培训政策提供科学依据。但囿于数据、时间、所掌握资料及个人研究水平限制，对于返乡农民工创业培训相关问题的研究尚不充分，有待在本研究的基础上作更为全面、细致和深入的探讨。

第一，国内外学者有关农民工创业培训投入相关选题可供借鉴参考的研究较少，理论研究基础缺乏，本书对于返乡农民工创业培训投入相关问题分析上还不够深入，有待进一步完善。

第二，由于调研数据的限制，本书没有就返乡农民工创业培训投入代际差异及影响因素展开研究；同时在样本允许的情况下，应进一步对女性返乡创业者和青年返乡创业者的培训投入行为进行深入分析。这些都是笔者日后进一步研究的方向。

参考文献

[1] 贝克尔. 人类行为的经济分析 [M]. 上海: 上海人民出版社, 1995.

[2] 边燕杰, 丘海雄. 企业的社会资本及功效 [J]. 中国社会科学, 2000 (2): 87 - 99, 207.

[3] 陈艾华, 孔冬. 农民工培训效果关键影响因素识别——基于对浙江省农民工培训调查的内容分析 [J]. 社会科学战线, 2012 (4): 237 - 239.

[4] 陈文超, 陈雯, 江立华. 农民工返乡创业的影响因素分析 [J]. 中国人口科学, 2014 (2): 96 - 105, 128.

[5] 陈锡文. 金融危机导致 2000 万农民工失业 [J]. WTO 经济导刊, 2009 (3): 18.

[6] 程承坪, 谢科范. 论企业家人力资本的开发、配置及其与企业绩效的关系 [J]. 南开管理评论, 2001 (5): 30 - 34.

[7] 程伟. 农民工返乡创业研究 [D]. 杨凌: 西北农林科技大学, 2011.

[8] 邓文华. 农村微型企业创业: 信息需求与信息支持研究 [D]. 武汉: 华中农业大学, 2010.

[9] 丁煜, 徐延辉, 李金星. 农民工参加职业技能培训的影响因素分析

[J]. 人口学刊, 2011 (3): 29-36.

[10] 杜海东, 李亚明. 创业环境对新创企业绩效的影响: 基于资源中介作用的深圳硅谷创业园实证研究 [J]. 中国科技论坛, 2012 (9): 77-82.

[11] 扶桑. 安徽省返乡农民工创业实践影响因素分析——基于阜阳市的调查 [J]. 河南工程学院学报, 2016 (2): 5-8.

[12] 付宏程. 中小企业信贷融资问题研究 [J]. 商业现代化, 2013 (Z1): 172.

[13] 高静, 张应良. 农户创业价值实现与环境调节: 自资源拼凑理论透视 [J]. 改革, 2014 (1): 87-93.

[14] 辜胜阻, 肖鼎光, 洪群联. 完善中国创业政策研究的对策研究 [J]. 中国人口科学, 2008 (1): 10-18, 95.

[15] 郭群成. 农民工返乡创业行为研究 [D]. 杨凌: 西北农林科技大学, 2011.

[16] 郭志仪, 金沙. 中西部地区扶持农民工返乡创业的机制探索 [J]. 中州学刊, 2009 (2): 106-108.

[17] 韩秋黎, 石伟平, 王家祥. 农民工培训问题调查 [J]. 中国职业技术教育, 2007 (3): 15-16.

[18] 黄乾. 农民工培训需求影响因素的实证研究 [J]. 财贸研究, 2008 (4): 23-29.

[19] 黄瑞玲, 安二中, 曹伟. 城市农民工就业生存状况实证研究——基于江苏沿江8市1516位农民工的调查与分析 [J]. 经济问题探索, 2010 (8): 65-69.

[20] 康和平, 蔡成芹, 周永杰. 返乡农民工自主创业培训探略 [J]. 成人教育, 2011 (13): 34-37.

[21] 来新安. 创业者特征、创业环境与创业绩效: 一个概念性框架的构建 [J]. 统计与决策, 2009 (22): 162-164.

[22] 李安, 李朝晖. 返乡农民工创办的微型企业成长性影响因素分

析——基于湖南 269 份问卷调查数据的实证研究 [J]. 湖南农业大学学报，2014 (1)：1 - 6.

[23] 李柏洲，李海超. 高科技企业成长环境研究 [J]. 经济纵横，2006 (3)：75 - 76，66.

[24] 李建民. 人力资本与经济持续增长 [J]. 南开经济研究，1999 (4)：2 - 7.

[25] 梁栩凌，廉串德. 基于系统推进的农民工培训有效性影响因素分析——来自北京市农民工培训的实证调查 [J]. 经济与管理研究，2014 (10)：73 - 80.

[26] 林斐. 对安徽省百名打工农民回乡创办企业的问卷调查及分析 [J]. 中国农村经济，2002 (3)：72 - 76.

[27] 林汉川，何杰. 法制、融资环境与中小企业竞争策略的选择 [J]. 财贸经济，2004 (10)：39 - 42，82 - 97.

[28] 林毅夫，李永军. 中小金融机构发展与中小企业融资 [J]. 经济研究，2001 (1)：10 - 18，53 - 93.

[29] 刘畅，齐斯源，王博. 创业环境对农村微型企业创业绩效引致路径的实证分析——基于东北地区实地调研数据 [J]. 农业经济问题，2015 (5)：104 - 109，112.

[30] 刘奉越，孙培东. 基于返乡农民工学习特点的创业培训论略 [J]. 教育学术月刊，2009 (8)：85 - 88.

[31] 刘光明，宋洪远. 外出劳动力回乡创业：特征、动因及其影响——对安徽、四川两省四县 71 位回乡创业者的案例分析 [J]. 中国农村经济，2002 (3)：65 - 71.

[32] 刘平青，姜长云. 我国农民工培训需求调查与思考 [J]. 上海经济研究，2005 (9)：77 - 89.

[33] 刘唐宇. 农民工回乡创业的影响因素分析——基于江西赣州地区的调查 [J]. 农业经济问题，2010 (9)：81 - 88，112.

[34] 娄玉花，徐公义．开展新生代农民工教育和培训模式的研究［J］．中国职业技术教育，2013（30）：77－80．

[35] 吕世辰，陈晨，霍韩琦．农业转移人口教育培训效益研究［J］．天津师范大学学报，2015（5）：77－80．

[36] 马芒，徐欣欣，林学翔．返乡农民工再就业的影响因素分析——基于安徽省的调查［J］．中国人口科学，2012（2）：95－102，112．

[37] 马新安，张列平，冯芸．供应链合作伙伴关系及合作伙伴选择［J］．工业工程与管理，2000（4）：33－36．

[38] 茅国华，孙文杰．新生代农民工返乡创业培训研究［J］．中国成人教育，2014（24）：190－192．

[39] 明塞尔．人力资本研究［M］．北京：中国经济出版社，2001．

[40] 欧雪银．企业家能力对企业绩效的影响［J］．湖南师范大学社会科学学报，2010（6）：113－115．

[41] 任旭林，王重鸣．基于认知观的创业机会评价研究［J］．科学管理，2007（2）：15－18．

[42] 单标安，陈海涛，鲁喜凤，陈彪．创业知识的理论来源、内涵界定及其获取模型构建［J］．外国经济与管理，2015（9）：17－28．

[43] 史密斯．民族财富的性质与原因研究［M］．北京：商务印书馆，1993．

[44] 舒尔茨．人力资本投资［M］．北京：北京经济学院出版社，1992．

[45] 汪传艳．农民工参与教育培训意愿影响因素的实证分析——基于东莞市的调查［J］．职教论坛，2012（28）：35－40．

[46] 王朝云．创业过程与创业网络的共生关系研究［J］．科学学与科学技术管理，2014（8）：104－114．

[47] 王全乐，陈利利．返乡农民工创业培训：成人教育的使命与方略［J］．成人教育，2012（3）：15－17．

[48] 王玉帅，吴超．农民工返乡创业政策理论框架构建及支持体系

[J]. 企业经济, 2013 (9): 150-155.

[49] 温敏. 新形势下农民工返乡创业的意义、问题及对策探析 [J]. 农业考古, 2014 (1): 329-331.

[50] 吴小立, 于伟. 环境特性、个体特质与农民创业行为研究 [J]. 外国经济与管理, 2016 (3): 19-29.

[51] 奚累, 程业炳, 郑谦. 安徽省农民工返乡创业问题研究 [J]. 重庆科技学院学报, 2011 (7): 66-67, 76.

[52] 夏怡然. 农民工的在职培训需求及其异质性——基于职业选择行为的经验研究 [J]. 世界经济文汇, 2015 (2): 57-73.

[53] 熊智伟, 王征兵. 基于 AHP 的返乡农民工创业决策影响因子研究 [J]. 江西社会科学, 2011 (6): 246-249.

[54] 熊智伟, 王征兵. 基于 TPB 理论修正的农民工返乡创业意愿影响因子研究——以江西省 262 名农民工微观数据为例 [J]. 人口与发展, 2012 (2): 54-60.

[55] 杨加宁. 对农民工职业技能培训与鉴定的思考 [J]. 职业教育研究, 2007 (6): 8-9.

[56] 杨静, 王重鸣. 创业机会研究前言探析 [J]. 外国经济与管理, 2012 (5): 9-17.

[57] 杨艳红, 熊刚, 戴烽. 试析金融危机下农民工培训的系统性管理 [J]. 江西社会科学, 2009 (8): 240-243.

[58] 易朝辉. 资源整合能力、创业导向与创业绩效的关系研究 [J]. 科学研究, 2010 (5): 757-762.

[59] 袁明达, 朱敏. 民族地区返乡农民工创业意愿影响因素分析——基于湖南西部的调查数据 [J]. 中国劳动, 2015 (24): 40-44.

[60] 张军, 安月兴. 加强返乡农民工创业教育培训研究 [J]. 当代经济管理, 2009 (8): 31-34.

[61] 张秋林, 张晔林. 需求视角下的农民工两阶段主动培训投入影响

因素研究 [J]. 南京农业大学学报, 2008 (2): 1-7, 20.

[62] 张世勇. 金融危机下的农民工返乡对中国非传统安全的启示 [J].
西北农林科技大学学报, 2011 (6): 25-29.

[63] 张文静. 返乡农民工的再就业与创业培训 [J]. 当代教育理论与实
践, 2010 (1): 72-75.

[64] 张秀娥, 王冰, 张铮. 农民工返乡创业影响因素分析 [J]. 财经问
题研究, 2012 (3): 117-122.

[65] 张秀娥, 张峥, 刘洋. 返乡农民工创业动机及激励因素分析 [J].
经济纵横, 2010 (6): 50-53.

[66] 赵丽华. 返乡农民工职业技能培训的影响因素及对策 [J]. 职业技
术教育, 2009 (28): 67-70.

[67] 赵曙明. 企业家的人力资本价值 [J]. 中国人力资源开发, 2001
(11): 4-5.

[68] 赵文红, 孙卫. 创业者认知偏差与连续创业的关系研究 [J]. 科学
学研究, 2012 (7): 1063-1070.

[69] 赵正洲, 韩成英, 吕建兴. 返乡农民工参与职业技能培训的影响
因素分析——基于河南尧湖北尧湖南3省35个市 (县) 的调查 [J]. 教育与
经济, 2012 (4): 26-29.

[70] 郑军. 农民参与创业培训意愿影响因素的实证分析——基于对山
东省的调查 [J]. 中国农村观察, 2013 (5): 34-45, 96.

[71] 周小虎, 姜凤, 陈莹. 企业家创业认知的积极情绪理论 [J]. 中国
工业经济, 2014 (8): 135-147.

[72] 朱冬梅, 黎赞. 发达地区农民工教育培训模式的经验借鉴 [J]. 开
发研究, 2014 (4): 104-106.

[73] 朱红根, 解春艳. 农民工返乡创业企业绩效的影响因素分析 [J].
中国农村经济, 2012 (4): 36-46.

[74] 朱红根, 康兰媛, 翁贞林, 刘小春. 劳动力输出大省农民工返乡

创业意愿影响因素的实证分析——基于江西省 1145 个返乡农民工的调查数据 [J]. 中国农村观察, 2010 (5): 38 - 47.

[75] 朱舟. 人力资本投资的成本收益分析 [M]. 上海: 上海财经出版社, 1999.

[76] Chung S A, Singh H, Lee K. Complementary, Status Similarity and Social Capital as Drivers of Alliance Formation [J]. Strategic Management Journal, 2000.

[77] Cooke P, Clifton N. Social Capital and Small and Medium Enterprise Performance in the United Kingdom, Entrepreneurship in the Modern Space-economy: Evolutionary and Policy Perspectives [J]. Tinbergen Institute, 2002.

[78] Davenport T D. Human Capital Employees Want a Return on Their Investment, and They Expect Managers to Help Them Get It [J]. Management Review, 1999.

[79] David R D, Lawson L L. Controlling Human Capital Costs in the New Millennium [J]. Business Quarterly, 2000.

[80] Dennis J K. Measuring Human Capital: Converting Workplace Behavior Into Dollars [J]. Kraveta Associates Publishing, 2004.

[81] Edvinsson L, Malone M S. Intellectual Capital Realizing your Company's True Value by Finding Its Hidden Roots [J]. Rye Field Publishing Company, 1999.

[82] Gartner W B. A Conceptual Framework for Describing the Phenomenon of New Venture Creation [J]. Academy of Management review, 1985.

[83] Gartner W. Some Suggestions for Research on Entrepreneurial Traits and Characteristics [J]. Entrepreneurship Theory and Practice, 1989.

[84] Gary S L. New Product Team Learning: Developing and Profiling from Your Knowledge Capital [J]. California Management Review, 1998.

[85] Heckman J. Sample Selection Bias as a Specification Error [J]. Econometrica, 1979.

［86］ Holt D H. Entrepreneurship: Newcenture Creation ［J］. New Jersery: Prentice, 1992.

［87］ Lewis. Economic Development with Unlimited Supplies of Labor ［J］. Manchester School of Economically Social Studies, 1954.

［88］ Lussier R N. A Nonfinancial Business Success Failure Prediction Model for Younger Firms ［J］. Journal of Small Business Management, 1995.

［89］ Mcgehee W, Thayer P W. Training in Business and Industry ［M］. New York: Wiley, 1961.

［90］ Michele S. Darling, Building the Knowledge Organization ［J］. Business Quarterly, 1996.

［91］ Mincer J. Investment in Human Capital and Personal Income Distribution ［J］. The Journal of Political Economy, 1958.

［92］ Mincer J. Schooling, Experience and Earnings ［M］. New York: Columbia University Press, 1974.

［93］ Mosakowski E. Entrepreneurial Resources, Organizational Choices, and Competitive Outcomes ［J］. Organization Science, 1998.

［94］ Mullin R. Knowledge Management: A Cultural Evolution ［J］. Journal of Business Strategy, 1996.

［95］ Premaratne S P. Entrepreneurial Networks and Small Business Development: The Case of Small Enterprises in SriLanka ［D］. Thousand Oaks: Eindhoven University of Technology, 2002.

［96］ Schultz T W. Capital Formation by Education ［J］. The Journal of Political Economy, 1960.

［97］ Shane S, Ventakaraman S. The Promise of Entrepreneurship as a Field of Research ［J］. Academy of Management Review, 2000.

［98］ Sirmon D G, Hitt M A. Creating Value in the Face of Declining Performance: Firm Strategies and Organizational Recovery ［J］. Strategic Management

Journal，2007.

［99］ Stevens G C. Integrating the Supply Chain ［J］. International Journal of Physical Distribution and Material Management，1989.

［100］ Younger J，Sandhottz K. Helping R&D Professionals Build Successful Careers ［J］. Research Technology Management，1997.

［101］ Zimmerman E. What Are Employees Worth? ［J］. Workforce，2001.